행복한 미래를 꿈꾸는
사랑하는

_____ 님께

소중한 인생의 지혜를 담아
드립니다.

Philip Chesterfield

아들아
마음 가는 대로
인생을 살아라

이 세상에는 '처세술'이라는 것이 있는데,
그것을 먼저 간파하고 실천하는 사람이
앞서 출세하는 경우가 많다.
세상을 아직 모르는 너는
그런 것을 싫어하기 쉽다.
하지만 내가 지금부터 하는 이야기들은
먼 훗날 네가
"그때 좀 더 일찍 알았더라면
좋았을 텐데." 하고
후회하게 될 수도 있는 것들이다.

from.
Philip Chesterfield

너는 지금
작은 일에 대비하는 것만으로도
벅찬 시기이고 또 그런 지위에 머물러 있다.
그러므로 지금은 작은 일을
제때로 마무리하는 습관을
몸에 익혀야 한다.
머지않아 네게도 큰일이 맡겨질 때가
반드시 온다.
그때 가서 작은 일에 신경을 쓰지 않고
큰일에만 매진할 수 있도록
지금부터 잘 준비를 해두어라.

from.
Philip Chesterfield

CONTENTS

01 · 20page
시간이 황금일지 유수일지는 너에게 달렸다

02 · 25page
꾸준함이 너의 미래를 빛낼 것이다

03 · 29page
산만한 사람은 머리가 모자란 사람이다

04 · 33page
남의 결함에 대해 솔직하지 마라

05 · 37page
거짓을 꾸미는 자가 어리석은 자다

06 · 41page
위엄을 갖춘다는 것

07 · 46page
네 삶에서 잃어버린 1분을 찾아라

08 · 53page
몰락하고 싶은 청춘의 유혹

09 · 60page
일과 놀이는 다 같이 인생의 즐거움이다

10 · 64page
애매하게 하려면 시작하지 마라

11 · 69page
돈을 잘 쓰는 것도 공부다

12 · 74page
세상에 쓸모없는 인간은 없다

13 · 80page
성인의 독서법

14 · 84page
여행에는 상상 이상의 가치가 있다

15 · 89page
세계인이 되어라

16 · 96page
일반론을 따른다는 것

17 · 100page
깊이 생각하는 습관

18 · 105page
네 생각의 주인은 너다

19 · 109page
학식은 몸에 걸치는 장식품이 아니다

20 · 113page
이론주의자는 너무 피곤하구나

21 · 117page
직접 보고 듣고 몸소 깨우쳐라

22 · 121page
설득의 기술

23 · 126page
말솜씨를 길러라

24 · 131page
글씨에도 인품이 깃들어 있다

25 · 134page
어떤 친구를 사귈 것인가

26 · 139page
지인들의 수준이 너의 수준을 결정한다

27 · 144page
낯선 모임에 적응하는 법

28 · 149page
필요 이상으로 남을 과대평가하지 마라

29 · 153page
허영심, 조금은 있어도 좋다

30 · 157page
시종일관 냉정과 끈기를 유지해라

31 · 161page
말할 때와 침묵할 때

32 · 170page
대화를 나눌 때의 몸가짐

33 · 175page
주관을 갖되 조직에 순응해라

34 · 179page
사소한 배려와 칭찬이 감동을 준다

35 · 185page
적을 적게 두고 친구를 많이 두면 강해진다

36 · 190page
머리보다 마음을 잡아라

37 · 195page
다른 사람의 장점을 훔쳐라

38 · 199page
옷차림과 표정관리

39 · 207page
호감을 사려면 치장도 필요하다

40 · 211page
예의는 인간관계의 윤활유다

41 · 215page
상황에 따른 예의범절

42 · 222page
언행은 부드럽게, 의지는 강하게

43 · 231page
너도 이제는 처세술을 익힐 때다

44 · 237page
때로는 거짓말도 재치 있게 해라

45 · 241page
명망가와의 친분도 너의 실력이다

46 · 245page
이기려면 끝까지 냉정해라

47 · 251page
청춘에 보내는 또 하나의 조언

똑 똑 똑!
소중한 나의 아들아,
이제부터 너에게 인생을 살아감에 꼭 필요한 지혜를 알려주고자 한다.
너의 인생의 소중한 나침반이 될 것이다.

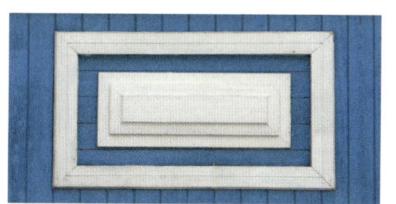

01
시간이 황금일지 유수일지는 너에게 달렸다

　시간이 얼마나 귀한 것인가에 대해 뼈저리게 느끼고 있는 사람은 의외로 많지 않은 것 같구나. 모두들 '시간은 황금'이라 말하지만 정말로 시간을 귀히 여기고 활용하는 사람은 드물다는 말이다.

　시간에 대한 명언들은 많고 그 가운데 몇 가지를 골라 외우기는 아주 쉽다. 그래서인지 마냥 허송세월을 하고 있는 사람조차 "시간은 유수와 같다."느니 "시간은 시위를 떠난 화살처럼 빠르게 날아간다."느니 하며 허풍을 떤다.

　사람들이 시간에 관심을 갖기 시작한 것은 시계가 세상에

출현하면서부터다. 시계가 발명되자 사람들은 매일매일 시계를 보며 이미 흘러가 버린 시간은 다시 돌이킬 수 없다는 사실을 깨달았다. 그러나 이 교훈도 단지 알고 있는 것만으로는 아무 쓸모가 없다. 몸으로 습득하지 않는다면 시간의 귀함과 활용법을 정말로 안다고 할 수 없다.

시간의 귀함과 활용법을 안다는 것은 매우 중요한데, 그에 따라 인생은 하늘과 땅만큼이나 차이가 나게 된다. 시간이 황금이 될지 유수가 될지는 시간을 대하는 네 자신의 태도에 달려 있다. 너는 조금이라도 젊었을 때 이 교훈을 깨달아야 한다. 그렇지 못하면 시간이 지날수록 인생은 더욱 더 마음먹은 대로 살아가기 어려워질 것이니까.

나는 정년을 마친 후에도 책과 벗하며 살고 있다. 내가 지금 어떤 유혹에도 흔들리지 않고 독서의 즐거움에 빠져들 수 있는 것은 젊은 시절부터 노력한 덕택이다. 조금 더 열심히 했으면 하는 아쉬움도 남지만, 그래도 열심히 노력한 덕에 나는 잠시 복잡한 세상에서 벗어나 평안을 누릴 수 있는 사람이 되었다.

미래를 위해 지식을 습득하는 것은 물론 보람 있는 일이다. 그렇다고 해서 놀면서 보낸 시간이 헛되다는 의미는 아니다. 잘 즐기는 것 또한 인생에 멋과 낭만을 더해준단다. 나 역시 즐기는 것을 좋아했다. 젊은 시절 마음껏 즐기지 못했다면 이제 와서 즐기는 일에 빠져 있을지도 모른다. 사람은 누구나 자기가 잘 알지 못하는 것을 과대평가하는 경향이 있기 때문이다.

다행히 나는 일도 열심히 하고 놀기도 잘 노는 편이었다. 마음껏 놀았고 열심히 일했다는 것에서는 한 점 후회도 없다. 그렇지만 여전히 후회는 남는구나. 그것은 놀지도 않고 일하지도 않는 채 의미 없이 너무 많은 시간을 허비했다는 점 때문이다.

너의 인생에서는 지금이 가장 중요한 시기다. 후회하지 않으려면 허송세월하지 말거라. 지금 이 시기를 그냥 흘러 보낸다면 미래에는 정말로 볼품없는 사람이 되어 버릴지도 모른다. 그러므로 인생에서 지금 이 시간이야말로 스스로의 개발에 온전히 매진해야 할 시기다.

"하고 싶지만, 요즘 통 시간이 없어서……."

이것은 허송세월의 또 다른 말이다. 여러 가지 장애물이 있을 것이다. 하지만 지금이 원하는 것을 습득할 수 있는 바로 그 시기라는 것을 명심해라. 때로는 힘들고 짜증이 날 때도 있을 것이다. 그럴 때는 지금이 내 인생 최대의 관문이라고 생각해라. 지금 단 한 시간이라도 더 노력하면 그만큼 더 빨리 이 관문으로부터 탈출할 수 있다. 얼마나 빨리 자유를 쟁취하는가는 시간을 어떻게 잘 쓰는가에 달려 있다는 말이다.

육체적 건강은 어떻게 관리하느냐에 달려 있지만 두뇌는 그렇지 않다. 두뇌는 어떻게 개발하느냐에 따라 커다란 차이가 생긴다. 지금 주어진 몇 분, 몇 초를 어떻게 보내는가에 따라 미래의 정신적 활동이 크게 영향을 받는다.

두뇌를 건강하게 유지하기 위해서는 꽤 많은 훈련이 필요하다. 어떤 사람은 전혀 노력하지 않아도 저절로 천재로서 인정받는다. 하지만 그런 경우는 매우 드문 것이므로 스스로 천재로 인정받기를 기대하며 허송세월하지 말거라. 또 타고난 천재라고 하더라도 후천적 노력이 더해진다면 훨씬 더 훌륭해질 수 있다는 것을 알아야 한다.

그러니 때를 놓치기 전에 더 많은 지식을 습득하기 위해 노력해라. 생활 속에서 잘 절제된 습관을 익혀라. 꾸준히 지식을 습득하고 가끔 머리를 식히는 습관은 아주 중요하다. 그런 습관을 익히지 못하면 이 험난한 세상에서 성공은커녕 평범하게 살아남기도 힘들다. 자신을 돌아보아라. 이 세상에서 기대고 의지할 언덕이 있는지. 그만한 지위나 재산이 있는지. 그런 배경이 없는 대부분의 사람들에게 성공의 유일한 동력은 스스로의 노력밖에 없다.

지식을 쌓을수록 더 겸손해져라. 훌륭한 인재는 지식과 함께 겸손을 갖춘 사람이다. 겸손은 훌륭한 인재가 되기 위해 결코 빠뜨릴 수 없는 요소다. 그 사람이 가진 지식은 그 사람의 태도에 따라 빛나기도 하고 빛을 잃기도 한다. 상대의 마음을 가장 매료시키는 것은 지식이 아니라 바로 겸손인 것이다. 그러니 겸손이라는 습관이 자연스럽게 네 몸에 배이게 하여라.

종종 자기 신세를 한탄하는 사람들이 있다. 자기는 뛰어난 인재지만 아무도 인정해주지 않는다고. 하지만 세상에서 결코 그런 일은 일어나지 않는다. 정말 훌륭한 인재라면 누가 알아주지 않아도 역경에 굴하지 않고 반드시 일어나 성공한다. 그것이 나의 유일한 신념이란다.

지식을 쌓을수록 더 겸손해져라. 훌륭한 인재는 지식과 함께 겸손을 갖춘 사람이다.

02
꾸준함이
너의 미래를 빛낼 것이다

매사에 조금 게으르고 집중력이 떨어지며 약간은 무관심한 경향이 있는 사람들이 있다. 나이가 들고 신체적으로나 정신적으로 많이 나약해진 사람에게서 나타나는 반응이다. 이는 인생을 열심히 살고자 하는 사람에게는 결코 허락될 수 없는 일이다.

시저는 말했다. "훌륭한 행동이 아니라면 행동이라 말할 수 없다."라고.

행동에 생기가 넘치는 사람은 주위 사람들을 기쁘게 만든다. 그리고 주위 사람들의 기쁨은 충만한 에너지가 되어 나에게로 다시 돌아온다. 그러므로 네가 주위 사람들을 기쁘게 하기 위해 노력하는 사람이라면 누구보다도 뛰어나고 빛나야겠다는 야망을 품어야 한다.

다른 사람을 기쁘게 하려는 마음의 배려가 없으면 절대로 그들을 기쁘게 할 수 없는 법이다. 성공적인 인생을 위해서는 그만큼 더 노력해야 하고, 그렇지 않으면 결코 존경받는 사람이 될 수 없다. 따라서 매사에 용솟음치고 활기가 넘치는 행동이 필요하다.

사람은 누구나 마음먹은 대로 될 수 있다. 어느 정도 두뇌가 있는 사람이라면 정신을 집중하고 능력을 부지런히 개발한다면 반드시 존경받는 사람이 될 수 있다. 너는 한 사회의 구성원으로서 존경받는 사람이 되기 위해 해야 할 일이 무엇이라고 생각하느냐.

우선 세상에 대한 다양한 지식을 습득해야 할 것이다. 세계의 정치와 경제, 언어, 역사, 문화, 관습 등, 이러한 지식은 누구나 조금만 노력하면 얻을 수 있다. 그러므로 할 수 없다거나 어렵다거나 하는 핑계를 용인해서는 안 된다.

"그렇지만, 내가 할 수 있는 일이 아닌 것 같아서……."

이런 말은 게으름의 표현 이외에 아무것도 아니다. 스스로 해야 할 일을 알면서도 하지 않는 모습을 결코 합리화시키지 말거라.

게으른 사람은 시작한 일을 끝까지 완수하지 않고 도중에 포기하기 일쑤다. 터득하거나 습득할 만한 가치가 있는 것에는 난관이 따르기 마련이지만, 게으른 사람은 조금만 까다로워지거나 귀찮아져도 쉽게 좌절하고 체념해 버린다. 이는 "인내와 노력보다는 차라리 무지無知가 낫다."고 생각하는 것과 다를 바가 없다.

게으른 사람에게 있어서 힘든 일이란 곧 불가능한 일이다. 그러나 이는 자기변명을 위해 힘든 일을 불가능한 일로 여기기로 작정한 것에 불과하다. 매사에 "내가 할 수 있는 일이 아니야."라고 생각하는 사람은 평생 수박 겉핥기 같은 인생을 살아가는 것에 만족한다. 이런 사람은 수박을 깨뜨리고 알맹이를 먹는 시원함을 결코 맛볼 수 없다. 실제로 부딪히고 노력한다면 이 세상에서 할 수 없는 일이란 아무것도 없는 데도 말이다.

게으른 사람에게는 한 시간 이상 한 가지 일에 정신을 집중하는 것조차 매우 고통스러운 일이란다. 그래서 무슨 일이든 깊이 생각하지 않고 단순하게 해석해 버리고 마는 것이다. 통찰력과 집중력을 겸비한 사람과 대화를 나누면, 이런 사람은 금방 자신의 무지와 게으름을 드러내고 횡설수설하고 만다. 그러므로 너는 힘들고 어려운 일에 봉착하더라도 쉽게 좌절하거나 포기하지 말거라. 그럴수록 더 분발함으로써 훌륭한 인재가 되겠다는 결의를 굳게 다져야 한단다.

　우리가 습득하는 지식 가운데는 전문직에 종사하는 사람에게만 필요하고 다른 사람에게는 전혀 불필요한 것들도 많이 있다. 예를 들어 항해학航海學은 전문가가 아니라면 기본적인 상식 이상으로 파고들어갈 이유가 없다. 하지만 일반적인 지식들에 대해서는 좀 더 깊이 있게 알아두는 것이 좋다.

　다양하고 폭넓은 지식을 습득하는 것은 쉬운 일이 아니다. 거기에는 꽤 많은 노력이 필요하다. 그러나 하나씩 꾸준하게 공부하면 불가능한 일도 아니다. 꾸준한 노력은 너의 미래를 더욱 빛나게 만들 것이다.

　정신적으로 인간이 할 수 없는 일이란 하나도 없다. 한 가지에 오래 집중하지 못하는 것은 바보이거나 게으름뱅이라는 말과 같다. 누구나 할 수 있는 일을 "내가 할 수 있는 일이 아니야."라고 생각하는 것이야 말로 진정 부끄럽고 어리석은 일이 아니겠느냐.

행동에 생기가 넘치는 사람은 주위 사람들을 기쁘게 만든다.
그리고 주위 사람들의 기쁨은 충만한 에너지가 되어 나에게로 다시 돌아온다.

03
산만한 사람은 머리가 모자란 사람이다

세상에는 별로 중요하지 않은 일인 데도 1년 내내 골몰하는 사람들이 있다. 그런 사람들은 정말로 중요한 것이 무엇이고 무엇이 중요하지 않은지를 잘 구분하지 못한다. 그래서 정작 중요한 일에 쏟아야 할 시간과 노력을 대수롭지 않은 일에 허비하는 경우가 많다.

그런 사람은 다른 사람과 대화를 나눌 때도 상대의 옷차림에 신경을 쓰느라 정작 중요한 인격은 보지 못한다. 연극을 볼 때도 내용보다는 무대장식이 얼마나 화려한가에 더 많은 관심을 기울인다.

이런 식이면 발전은 있을 수 없다. 시간과 노력을 낭비하지 않기 위해서는 중요한 일과 그렇지 않은 일을 구별해야 한다. 쓸데없는 일에 마음을 빼앗기는 것은 결코 집중력이 아니니까.

하지만 대수롭지 않다고 해서 무작정 무시해서도 안 된다. 사소하게 보여도 상대가 호감을 느낄 수 있는 일이라면 관심을 가져야 한다는 말이다. 조금이라도 가치가 있다고 생각하면 결코 소홀히 여기지 말고 관심과 애정을 기울여라. 가령 사교를 위해 댄스 실력을 기르거나 패션 감각을 익히는 것과 같은 일상의 사소한 일이라도 열심히 배워서 훌륭하게 성취하여라.

네가 스스로 사람들에게 인정받는 사람이 되려면 조금 사소해 보이는 것에도 관심을 갖고 습관이 들도록 노력을 기울여야 한다. 사소하더라도 가치가 있는 것이라면 집중력을 발휘해라. 식사 예절을 익힐 때도 아무렇게나 익히지 말거라. 댄스를 배울 때도 건성으로 배우지 말거라. 패션에서도 언제나 단정한 사람으로 보이도록 신경을 써라.

어떤 사람들은 자신이 성격적으로 약점이 있다고 주장하며 매사를 대충대충 처리하려고 한다.

"이해하세요, 내가 원래 좀 산만한 성격이라서······."

이런 식으로 말하는 사람과 자리를 같이 하게 되면 종종 매너에 어긋나는 행동을 하기 때문에 불편해지는 경우가 많다. 예컨대 대화에 갑자기 끼어들어 제멋대로 화제를 돌린다든가 사람들과 대화하는 도중에 다른 일에 몰두한다든가 하는 것들 말이다. 뉴턴처럼 천재적인 물리학자라면 사람들 속에서도 혼자만의 생각에 빠져드는 일이 용인될 수 있을지 모른다. 하지만 일반적인 사람이 그렇게 행동하면 당장에 바보 취급을 받고 따돌림을 당하게 될 것이다.

이런 행동을 하는 것은 정신적으로 집중력이 부족하다는 증거란다. 대체로 주의가 산만한 사람은 머리가 좀 모자라거나 집중력이 떨어지는 사람이다. 성격적으로 집중을 잘 못한다는 것은 핑계에 불과하다.

누구나 좋아하는 일이라면 집중을 잘한다. 집중을 못하고 자꾸 산만해지는 것은 그 일이 어렵고 싫게 느껴지기 때문이다. 따라서 어렵고 싫은 일에서도 집중력을 발휘하려면 인내심이 필요하다. 예를 들어, 어린아이들은 대체로 산만하지 않느냐? 어린아이들이 산만한 것은 참고 견디는 일에 아직 능숙하지 못하기 때문이다. 즉 인내심이 부족하기 때문이지.

이처럼 매사에 산만한 사람은 어린아이처럼 인내심이 부족한 사람이다. 너도 주의가 산만한 사람과 자리를 함께 하면 불쾌함이 느껴질 것이다. 왜냐하면 그런 산만한 행동은 자신을 제외한 다른 모든 사람을 무시하는 행위이기 때문이다.

다른 사람을 무시하는 행동은 결코 해서는 안 된다. 만약 정말로 존경하는 사람이 눈앞에 있다면 어떻게 그의 앞에서 산만해질 수 있겠느냐. 결코 그럴 수는 없을 것이다. 스스로 주목할 만한 가치가 있다고 느끼는 상대 앞에서 산만해지는 사람은 아무도 없다. 상대가 주목할 만한 가치가 없다고 느끼기 때문에 산만해지는 것이다. 따라서 산만한 사람은 상대에게 일말의 관심도 없다는 것을 무의식중에 떠들고 있는 것에 다름아니다.

산만한 사람이 대화를 통해 상대를 정확히 관찰해낼 수 있을까? 절대 그렇지 않다. 산만한 사람은 설사 좋은 환경에서 일생을 보낸다 해도 마지막까지 그 스스로 얻는 것은 하나도 없을 것이다.

솔직히 나는 산만한 사람과 함께 있느니 시체와 함께 있는 편이 낫다고 생각한다. 적어도 죽은 사람은 일부러 상대를 무시하지는 않으니까. 지금 하는 일이나 앞으로 해야 할 일에 대해 집중하지 못하고 자꾸 산만해지는 사람은 결코 훌륭한 일을 해낼 수 없다. 게다가 그런 사람은 좋은 친구도 못 된다는 사실을 명심해라.

 조금이라도 가치가 있다고 생각하면 결코 소홀히 여기지 말고 관심과 애정을 기울여라.

04
남의 결함에 대해
솔직하지 마라

너도 주위에서 타인에 대한 배려가 부족한 사람을 본 적이 있을 것이다. 그런 사람은 다른 사람이 어떻게 느낄지 생각하지 않고 말을 아무렇게나 내뱉는 경향이 있다. 때로는 다른 사람에게 큰 상처를 줬음에도 불구하고 그것이 자기가 너무 솔직해서 그렇다고 변명을 늘어놓는다.

"미안하긴 한데, 사실 내가 좀 솔직한 편이라……."

그러나 달리 생각해보면 주의력 없이 쉽게 말은 내뱉는 것은 다른 사람을 무시하고 있다는 명백한 증거가 된다. 상대에게 무시를 당하고서 좋아할 사람은 세상에 단 한 사람도 없다.

물론 세상에는 여러 부류의 사람이 있고 그 가운데는 정말로 어리석고 매너도 엉망인 사람이 있다. 그런 사람까지 굳이 존경할 필요는 없을 것이다. 하지만 그렇다고 쉽게 무시해서도 안 된다. 만약 그런 사람이라도 대놓고 무시한다면 미래에 어떤 식으로든 도움을 얻을 수 있는 사람들을 하나둘씩 잃어버리게 될 것이기 때문이다. 그것은 그만큼 너의 인생에 타격이 아니겠느냐.

어떤 부류의 사람을 특히 싫어한다거나 하는 것은 너의 자유다. 하지만 그 마음을 있는 그대로 표출할 필요는 없다. 어리석고 매너가 엉망인 사람에게 자기 마음을 감추는 것은 결코 비굴한 행동이 아니다. 그것이 오히려 현명한 태도다.

싫어하는 부류의 사람일지라도 인생의 어느 시점에서는 커다란 힘이 될 수도 있단다. 미래는 아무도 단정할 수 없는 일이니까. 만약 지금 그런 사람을 대놓고 무시한다면 필요할 때 도움을 얻지 못할 수도 있다. 악행은 때로 용서받을 수 있지만 모욕은 결코 용서받지 못한다는 사실을 명심해라. 누구에게나 자존심은 있기 마련이기에 상대에게 무시당하고 모욕당한 기억은 결코 잊지 못하는 법이다.

무시를 당한다는 것은, 예를 들면 자기가 저지른 범죄보다도 더 감추고 싶은 약점이나 결점 등이 헤집어지는 것과 같단다. 이것은 매우 고통스럽고 오래 남는 상처가 된다. 누구라도 모욕을 당하면 화를 낼 정도의 자존심은 가지고 있다. 그러므로 인생에서 적을 만들고 싶지 않다면 상대를 드러내놓고 무시해서는 안 된다는 점을 기억해라.

친한 친구에게 자기가 저지른 잘못을 솔직하게 고백하는 사람은 많다. 하지만 자신의 약점이나 결점까지 털어놓는 사람은 하나도 없다. 마찬가지로 잘못을 지적해주는 친구는 많지만 어리석거나 몰상식한 점을 대놓고 지적하는 사람은 없다. 약점이나 결점은 스스로 고백을 하든 다른 사람에게서 지적을 당하든 상관없이 크게 자존심이 상하는 일이기 때문이다.

자기의 우월감을 드러내기 위해 타인의 결함을 들추는 사람이 종종 있다. 그러나 명심해라. 절대 그런 비겁한 짓을 해서는 안 된다. 어쩌다 다른 사람의 결함을 화제로 삼아 주위 사람들을 웃겼던 경험이 있다면, 그런 사소한 일로 인해 평생의 적을 만들 수도 있다는 사실을 명심해라.

게다가 그 자리에서 함께 웃었던 사람들도 너를 경계하게 될 것이다. 왜냐하면 다른 자리에서는 네가 자기의 결함을 화제로 삼을 수도 있다고 생각할 것이기 때문이다. 결국 함께 웃었던 친구들도 멀어지는 결과를 낳게 되는 것이다.

다른 사람의 결함을 비웃는 행동은 자기 자신의 품위도 또한 실추시키는 일이다. 정의로운 사람은 다른 사람의 결함을 감싸주는 사람이지 들추어서 웃음거리로 삼지 않는다. 다른 사람의 불행을 들추고 상처를 입히는 것은 재치 있는 것도 유머감각이 있는 것도 아니다. 재치나 유머는 반드시 다른 사람들을 기쁘게 하기 위해서만 발휘해야 한단다.

인생에서 적을 만들고 싶지 않다면
상대를 드러내놓고 무시해서는 안 된다는 점을 기억해라.

05
거짓을 꾸미는 자가
어리석은 자다

   너는 사이비 종교의 지어낸 이야기와 그 이야기를 맹신하는 신자를 본 적이 있느냐? 그런 사람들을 보고 혹시 비웃거나 욕을 하거나 하지는 않았느냐? 그랬다면 그 기분은 충분히 이해한다. 하지만 그래서는 안 된다. 비록 잘못된 생각일지라도 진실하게 믿고 있다면 결코 그 사람의 믿음을 업신여겨서는 안 된다는 것이다.
   사물에 대한 분별력이 모자라고 실체를 올바로 보지 못하는 사람에 대해서는 물론 불쌍한 마음을 가져야 한다. 하지만 그렇다고 그 사람이 웃음거리가 될 만한 행동을 했다거나 비난받을 만한 일을 저지른 것은 아니지 않느냐? 그러므로 그런 사람일수록 오히려 친절한 마음으로 대하고 진지한 대화를 통해 올바른 길로 인도하는 것이 필요하다.

사람은 누구나 주체성을 가지고 있고 그에 걸맞게 행동해야 한다. 타인의 생각을 무조건 무시하고 억지로 자기에게 맞추려는 것은 교만한 자의 태도다. 그런 사람은 상대의 체형이나 체질까지도 모두 자기와 같아야 한다고 생각한다. 하지만 인간은 모두 삶에 대해 저마다의 의미를 부여하며 살아가고 있다. 그러므로 어떤 삶이 옳고 어떤 삶이 그른가는 오직 신만이 평가할 수 있는 문제란다.

생각이 다르다는 이유로 타인의 의견을 무시하거나 종교가 다르다는 이유로 상대를 핍박하는 자야말로 무지한 인간이다. 사람은 누구나 자기가 믿는 바에 따라 행동하는 존재다. 따라서 비난 받아야 할 사람은 이야기를 꾸며내고 거짓말을 유포하는 사람이지 그것을 믿는 사람이 아니다.

세상에서 가장 어리석은 사람은 바로 거짓으로 타인을 현혹하는 사람이다. 거짓말을 하는 이유는 무엇이겠느냐? 비겁함과 적대감 때문이다. 그러나 어떤 경우에도 거짓으로 목적한 바를 이룬 예는 세상에 없다. 제아무리 다른 사람을 감쪽같이 속인다고 해도 거짓은 언젠가는 들통 나게 마련이니까.

예를 들어 어떤 사람에게 질투가 느껴질 때 너는 거짓을 늘어놓아 그에게 한 동안 상처를 줄 수는 있을 것이다. 하지만 더 오래 고통에 시달리는 사람은 결국 너 자신이 되고 만다.

어떤 경우에도 진실은 밝혀지고 만단다. 일단 진실이 밝혀지고 나면 그 다음에는 아무리 진실을 말한다 해도 이미 거짓을 퍼뜨린 자를 믿어줄 사람은 어디에도 없다. 그의 말과 행동은 모두 거짓과 모략으로 간주될 테니까. 따라서 인생에서 거짓말쟁이가 되는 것보다 더 큰 손실은 없다는 것을 명심해라.

"정말 그러려고 했던 게 아닌데······."

이렇게 변명하는 것도 거짓과 다를 바가 없다. 자기 언행에 대해 이러쿵저러쿵 변명을 늘어놓는 사람은 가까운 시일 내에 창피를 당하고 명예를 잃어버리게 될 것이다. 구차한 변명에 매달리는 사람은 상대로부터 가장 저급하고 비열한 인간으로 취급받게 된단다. 그러니 네가 만약 어쩔 수 없이 잘못을 범하게 되었다면 변명하기보다는 정직하게 잘못을 시인하고 용서를 구해라. 그것이 최선이다.

자기의 잘못을 거짓이나 변명으로 얼버무리는 사람은 결코 성공하지 못한다. 세상을 당당하게 살아가려면 양심이나 명예에 상처를 입지 않아야만 한다. 그 어떤 거짓이나 변명도 하지 않고 떳떳하게 행동해야 하는 것이다.

정정당당하게 사는 것이야말로 자기 자신에게 가장 이익이 되는 일이다. 이것은 너의 인생을 살아가면서 마음속 깊이 새겨야 할 중요한 교훈이다.

다시 말하지만, 거짓에 속는 사람이 어리석다고 생각하지 말거라. 오히려 어리석은 사람은 거짓에 능숙한 사람이다. 그렇기에 나는 누가 어떤 거짓말을 하느냐에 따라 그 사람의 지능지수를 판단한단다.

 세상을 당당하게 살아가려면 양심이나 명예에 상처를 입지 않아야만 한다. 그 어떤 거짓이나 변명도 하지 않고 떳떳하게 행동해야 하는 것이다.

06
위엄을 갖춘다는 것

　어느 정도 나이가 들어서 인간의 성격이나 태도에 대해 한 번쯤 깊이 있게 생각해보는 것은 가치 있는 일인 것 같구나. 네 나이 때에는 아직 인간에 대해 완전히 이해하기 어려운 부분들이 있다.
　내가 보기에 청년들에게 인생의 지혜를 알려주는 사람이 별로 없다는 것은 매우 안타까운 일이다. 학교 선생님이나 대학의 교수도 자기 전문분야만 가르칠 뿐 인생의 청년기에 반드시 알아야 할 지혜에 대해서는 아무도 신경 쓰지 않는다. 모두들 자기가 나설 일이 아니라고 생각하기 때문일까?

인생의 지혜를 가르치는 일에 무심한 것은 부모들도 마찬가지다. 가르칠 능력이 없기 때문인지 아니면 생활이 바쁜 탓인지는 모르지만 다음 세대에게 인생의 지혜를 물려주는 부모는 그리 많지 않다. 심지어 어떤 부모는 사회에 곧바로 부딪치는 것이 가장 큰 인생 공부라고 말하기까지 한다. 어떤 의미에서는 옳은 말일 수도 있겠지. 세상에는 이론으로는 설명할 수 없는, 따라서 실제 생활의 경험을 통해서만 배울 수 있는 일들이 있으니까.

그러나 모든 것을 직접 경험해서 배워야 한다는 것은 아주 소모적인 방법이다. 약간의 조언만 해준다면 피해갈 수 있는 함정들이 많다. 그런 함정들은 얼마든지 피해갈 수 있고, 그러면 원하는 목적지에 훨씬 더 빨리 도달할 수도 있다.

사회적 경험이 전혀 없는 청년이 인생의 미로에 첫발을 내딛기 전에 조금 먼저 그 길을 걸은 사람이 대강이나마 약도를 그려준다면 얼마나 큰 도움이 되겠느냐. 그러므로 나도 너에게 한 장의 약도를 그려주고자 한다. 그것은 아무리 재주가 뛰어난 사람이라도 다른 사람에게 존중을 받으려면 반드시 위엄을 갖추어야 한다는 것이다.

위엄은 내부에서 우러나지만 쉽게 얻기 힘든 아름다움이다. 말이 많고, 웃음소리가 요란하며, 입을 열 때마다 농담이 튀어나오고, 광대처럼 익살맞은 데다가 무턱대고 싹싹한 태도를 취하는 사람이라면 위엄을 갖추었다고 볼 수 없다. 이런 사람은 아무리 많은 지식을 습득했어도 경박스럽게 보이기 때문에 존경을 받기보다는 십중팔구 업신여김을 당하게 된다.

성격이 쾌활한 것은 좋다. 하지만 그런 사람이 여러 사람으로부터 존경을 받은 예는 일찍이 없었다는 사실을 명심해라.

또한 지위가 높은 사람에게 지나치게 싹싹하게 구는 태도는 '아부'라거나 '아첨'이라는 핀잔을 듣기 쉽다. 지위가 낮은 사람에게 싹싹하게 행동한다면 상황은 더 곤란해진다. 상대는 그런 비굴한 태도가 천성이라 생각하고 오히려 너와 맞먹으려 할 것이기 때문이다.

농담 역시 마찬가지다. 항상 농담만 하려는 사람은 어릿광대와 조금도 다를 바 없다. 너무 자주 튀어나오는 농담은 사람들이 생각하는 재치나 위트와는 근본적으로 다르다는 사실을 깨달아야 한다.

말재주, 아첨, 농담, 익살 등은 결국 자기 고유의 실력이 아니라 다른 여러 기교를 이용하여 주목받고자 하는 사람의 행동방식이다. 그런 사람은 존경의 대상이 되기는커녕 오히려 다른 사람에게 이용만 당하기 쉽다.

사람들은 "저 친구는 노래도 잘하고 춤도 잘 추고 게다가 농담까지 잘하니까 우리 모임에 받아들이자."라고 말한다. 그런 말을 들었을 때 너는 절대 기뻐하지 마라. 오히려 비방을 들은 것처럼 불쾌하게 생각해라. 그들에게 필요한 것은 어릿광대의 역할일 뿐이다. 너는 그들에게서 정당한 평가나 최소한의 존중조차 기대할 수 없을 것이다.

자신이 지니고 있는 장기 때문에 선택된 사람은 그 이외의 다른 부분에서는 존재가치가 없다. 그렇게 낙인이 찍힌 사람에 대해 굳이 다른 존재가치나 인격을 평가하려고 들지도 않을 것이다. 결국 그 사람은 모임에서 이용만 당할 뿐이지 존중은 받지 못할 것이 뻔하다.

그렇다면 위엄을 갖춘다는 것은 어떤 것이겠느냐? 위엄은 거만과는 전혀 다르다. 오히려 정반대라고 하는 것이 옳을 것이다. 농담이 기지機智와 다른 것처럼 거만함도 결코 용기가 아니다. 거만은 사람의 품위를 크게 손상시킨다. 거만한 사람은 상대를 화나게 하고 상대로 하여금 비웃음과 멸시를 불러일으키게 한다.

위엄은 거만도 아니지만 저급한 아부나 무책임한 행동도 아니다. 또 매사를 무조건 부정하거나 시시콜콜 시비를 따지는 태도도 아니다.

위엄을 갖춘 사람은 자기 의견을 겸손하고 정확하게 말하되, 다른 사람의 의견도 역시 정중하게 경청한다. 위엄은 그 사람의 표정과 매너 있는 행동을 통해 자연스럽게 드러난다. 생동감이 있고 절제된 몸짓이나 밝고 따뜻한 마음을 비치는 것도 상대로 하여금 위엄을 느끼게 만드는 요소다. 위엄이 자연스럽게 표정이나 행동으로 나타난다고 말했지만 이는 결코 쉬운 일이 아니다.

실없이 웃는 웃음이나 절제되지 못한 행동은 경솔한 느낌만 주게 된다. 또 억압당하고 있는 사람의 몸짓이 결코 용기 있어 보이지 않는 것처럼 나약한 마음의 소유자 역시 위엄 있어 보이지 않는다. 따라서 위엄을 갖춘 사람이 되려면, 너는 절제와 용기를 기르고 더 많은 노력을 기울여야 할 것이다.

아무리 재주가 뛰어난 사람이라도 다른 사람에게 존중을 받으려면 반드시 위엄을 갖추어야 한다. 위엄은 내부에서 우러나지만 쉽게 얻기 힘든 아름다움이다.

07
네 삶에서
잃어버린 1분을 찾아라

세상에서 돈이나 재산을 잘 쓰는 사람은 무척 드물다. 그러나 시간을 잘 쓰는 사람은 그런 사람보다 훨씬 더 드물단다. 시간을 잘 쓰는 것은 돈이나 재산을 잘 쓰는 것보다 훨씬 어렵고 중요한 일이다. 그러므로 너는 돈이나 재산은 물론이고 시간도 잘 쓰는 사람이 되어야 한다.

젊은 시절에는 시간이 아주 많고 느긋하게 느껴진다. 시간이 얼마나 귀한 것인지 직접 느낄 수 없기 때문에 시간을 너무 쉽게 허비하게 된다. 그러나 시간을 쉽게 허비하는 것은 막대한 재산을 순식간에 탕진하는 일과 별로 다르지 않다. 뒤늦게 깨달

앗을 때는, 탕진해 버린 재산과 마찬가지로 이미 잃어버린 시간도 다시 되돌릴 수 없단다.

윌리엄 3세, 앤 여왕, 그리고 조지 1세 때 재무대신을 지냈던 라운즈 경은 "1펜스에 웃는 자는 그 1펜스 때문에 울게 될 것이다."라는 명언을 남겼다. 이 교훈을 시간에 적용하면 "오늘 1분을 웃는 자는 내일은 그 1분 때문에 울게 될 것이다."라는 말이 된다.

그러므로 너는 아주 적은 시간이라도 결코 소홀히 여겨서는 안 된다. 1분이든 15분이든, 시간을 잠시라도 소홀히 하면 하루만에도 여러 시간을 낭비하게 되고, 이것이 1년 간 지속되면 엄청난 양의 시간을 낭비하는 결과를 초래하게 될 테니까.

예를 들어, 12시에 약속이 있다고 가정해보아라. 너는 11시경에 집을 나와 12시가 되기 전에 다른 사람의 집을 방문할 계획을 세웠다. 그런데 그 사람이 마침 집에 없다면 너는 어떻게 하겠니? 카페라도 들어가서 12시가 될 때까지 마냥 기다릴 테냐?

나라면 미리 읽을 책을 준비해서 나갔을 것이다. 그러면 일정이 어긋나더라도 남는 시간에 책을 읽을 수 있으니까.

이런 경우에는 시간이 그다지 넉넉하지 않으니 이해하기가 어려운 책은 적합하지 않다. 그보다는 시집처럼 짧고 지적이며 흥미로운 책이 좋을 것이다. 이렇게 미리 준비하고 현명하게 시간을 보낸다면 그만큼 시간이 절약됨은 물론이고 남는 시간을 따분하게 보낼 일도 없을 것이다.

세상에는 쓸데없는 일에 지나치게 많은 시간을 낭비하는 사람들이 있다. 그런 사람들은 안락의자에 앉은 채 하품을 하면서 "뭔가 시작하기에는 너무 늦어 버렸어."라고 말한다. 하지만 이런 사람들은 아무리 많은 시간이 주어져도 아무것도 시작하지 못한다. 아무것도 시작하지 못하고 하릴없이 시간을 보내다 보면, 결국 인생의 패배자가 되고 마는 것이다. 정말 안타까운 일이 아니냐?

너처럼 젊은 시절에는 한가하게 시간을 보내는 일이 절대 용인되지 않는단다. 내 나이쯤 되어서야 비로소 한가한 시간이 미덕일 수 있다. 이제 막 사회에 첫발을 내딛은 사람에게 필요한 것은 한가함이 아니라 성실과 인내 그리고 꿈을 실현하기 위한 행동이다. 앞으로의 몇 년이 너의 인생에서 얼마나 큰 의미를 가지게 될지 스스로 깊이 고민해보아라. 심사숙고한다면 너는 단 1초도 소홀히 보낼 수 없다는 사실을 깨닫게 될 것이다.

그렇다고 하루 온종일 일에 매달리라는 것은 아니다. 내가 말하고자 하는 것은 일이든 휴식이든 시간을 헛되이 보내지 않는 것, 어떤 것이든 의미가 있는 시간을 보낸다는 사실이 중요하다는 것이다.

비록 아주 짧은 시간일지라도 아무런 의미도 없이 그냥 흘려보내는 시간이 있다면, 그 시간들이 모여 인생에서 매우 커다란 손실로 나타나게 될 것이다.

하루의 일과에서 일하는 시간과 노는 시간 사이에 약간의 비는 시간이라도 있다면 하품이나 하고 있지 말고 책을 펼치거라. 콩트나 유머집처럼 아주 가벼운 내용이라도 책을 읽는 것이 시간을 그냥 흘려보내는 것보다는 훨씬 유익할 테니까.

나의 지인知人 가운데는 시간을 아주 잘 사용하는 분이 하나 있다. 그는 화장실에 있는 아주 잠깐의 자투리 시간을 이용하여 고대 로마시대 시인들의 작품을 모두 독파했단다. 호라티우스의 작품을 읽고 싶으면 그 시집을 사서 화장실에 비치해 놓고서 화장실에 갈 때마다 틈틈이 읽는다. 그렇게 조금씩 보다보면, 그는 따로 시간을 내지 않고도 호라티우스의 시집을 완전히 독파하게 되는 거란다.

이러한 독서법은 확실히 상당한 시간을 절약할 수 있게 해준다. 우습게 생각하지 말고 이 방법을 한 번 시험해보아라. 화장실에 앉아 있을 때도 그저 멍하니 시간을 보내는 것보다는 훨씬 가치가 있지 않겠느냐?

참고서가 필요한 학습 분야나 이해하기 어려운 과학기술서

적 혹은 다소 주의를 요하는 복잡한 내용이라면 화장실에서 읽기에는 적합하지 않다. 화장실에서의 독서는 최대한 가볍게, 짧은 시간에 읽고서도 그 의미를 충분히 이해할 수 있는 책을 선택하는 것이 좋다.

내 경험에 비추어 볼 때, 비록 짧은 시간이지만 이 시간들을 효과적으로 보낸다면 훗날 상당한 도움이 된다고 자신할 수 있다. 그러므로 사소한 시간이라도 그냥 내버려두지 말거라. 나중에 가서 그 시간을 되찾고 싶어질 때는 이미 늦는다. 아주 짧은 시간이라도 의미 있게 사용해라. 그 시간에 아무것도 하지 않는 사람보다 무엇이든 하는 사람이 인생에서 성공할 확률이 더 높은 것이다.

시간을 잘 써야 한다는 것은 단순히 일이나 공부에만 국한되는 것이 아니란다. 잘 노는 것도 시간을 잘 쓰는 방법 중에 하나다. 모든 사람은 유희를 통해 스스로의 역할을 다하는 인간으로 성장하고 발전한다. 유희는 인간을 자만심이나 가식적인 태도로부터 벗어나게 하여 자기의 참모습을 알 수 있게 해준다. 그러므로 너는 놀 때에도 빈둥거리지 말고 열심히 집중해서 놀아라.

일반적으로 생각하는 것과는 달리 나는 사업이나 일에서 성공하기 위해 무언가 남다른 능력이 반드시 필요하다고는 믿지 않는다. 단지 체계적으로 일하는 자세와 성실함, 분별력만 갖춘 다면 타고난 재능을 가진 사람보다 훨씬 더 잘할 수 있을 것이라 생각한다.

시간을 잘 쓰고 싶다면 매사에 체계적으로 일하는 습관을 기르거라. 그러기 위해서는 우선 일의 체계를 세워야 할 것이다. 그리고 그 체계에 따라서 하나씩 일을 처리해가는 것이 바로 가장 빠르고 능률적으로 성취하는 비결이다.

책을 읽거나 글을 쓰거나 스케줄을 짜는 것 등을 포함하여 모든 일에 순서를 정해라. 그러면 너는 상상 이상으로 많은 시간이 절약되고 능률도 향상된다는 것을 경험하게 될 것이다.

말버러 공작은 단 1초의 시간도 함부로 허비하지 않았다. 그랬기 때문에 똑같이 주어진 한 시간 동안 다른 사람들보다 몇 배나 더 많은 일을 해낼 수 있었다.

반면에 영국의 장군이었던 뉴캐슬 공작은 모든 일에 체계와 질서가 없었기 때문에 패전의 고배를 마시고 쓸쓸히 망명의 길에 올라야만 했던 것이다.

또한 영국 수상을 지낸 로버트 월폴은 다른 사람보다 열 배나 더 많은 일을 하면서도 정해진 체계에 따라 일했기 때문에 단 한 번도 당황하는 모습을 보인 적이 없다.

일에 체계가 없으면 머리가 복잡해지고 혼란스럽게 된다.

그러면 아무리 뛰어난 재능을 가진 인물이라도 목적한 바를 성취할 수 없게 되는 것이다.

네가 지금 다소 게으른 편이라고 생각한다면, 이제부터라도 조금만 더 성실해져라. 자신을 잘 컨트롤하여 1~2주 정도라도 체계를 세워 일하는 방법을 시험해보아라. 그렇게 몇 번을 계속해보면 미리 체계를 세우고 일하는 것이 얼마나 편하고 능률적인지 알게 될 것이다. 그러면 너는 다음부터는 체계를 세우지 않고서는 어떤 일도 할 수 없게 될 것이다.

이제 막 사회에 첫발을 내딛은 사람에게 필요한 것은 한가함이 아니라 성실과 인내 그리고 꿈을 실현하기 위한 행동이다.

08
몰락하고 싶은 청춘의 유혹

　우리 인생에서 쾌락이란 한 번쯤은 부딪쳐야 하는 암초와도 같은 것이 아닐까 싶구나. 하지만 순풍에 돛단배처럼 '쾌락의 바다'에 출항하는 것까지는 좋았지만, 막상 정신을 차려보니 방향을 가늠할 수 있는 나침반도 없고 목적지까지 배를 이르게 할 키도 없다면 어떻게 되겠느냐? 애초에 목적했던 즐거움은 누려 보지도 못하고서 도중에 불미스러운 상처만 입은 채 처음 출항했던 항구로 기진맥진 귀항하는 수밖에 없을 것이다.
　나는 쾌락을 금하는 금욕주의자도 아니고 유혹에 빠지지 말라고 설교하는 목사도 아니다. 따지자면 나는 현실의 즐거움을 굳이 마다하지 않는 쾌락주의에 더 가깝고 다른 사람에게도 즐기고 싶으면 마음껏 즐기며 살라고 권하는 사람이다.

　내 말은 진심이다. 나는 너도 원 없이 즐기며 살라고 권한다. 다만 잘못된 길로 빠지지 않도록 항로를 잘 잡아야만 한다는 점만큼은 지적하고 싶다.

　너는 어떤 일을 할 때 가장 즐겁게 느껴지느냐? 친한 동료들과 푼돈을 걸고 가벼운 카드놀이를 즐길 때니, 혹은 익살맞고 유머러스한 친구들과 함께 술자리를 할 때니, 아니면 학식이 풍부한 사람들과 저녁식사를 하며 의미 있는 대화를 나눌 때니?

　어떤 때든 스스로 즐겁게 느낄 수 있다면 좋은 일이란다. 나는 그것에 간섭할 생각이 전혀 없다. 하지만 많은 사람들이 자칫 자신의 의지와는 전혀 상관없이 나쁜 유혹에 빠져든단다. 극단적인 경우에는 방탕한 생활을 즐거움이라고 착각하는 경우도 있지.

　유혹에 빠져 방탕한 생활을 즐기는 것은 진정한 쾌락이 아니다. 가령 술은 정신을 몽롱하게 하고 건강을 해치기 때문에 지나친 음주는 결코 즐거움을 주지 못한다. 중독이 되면 정신적으로나 육체적으로나 고통스러운 데도 어쩔 수 없이 마시게 된다. 이것은 더 이상 쾌락이 아니다. 또 도박이나 성적 유희에 빠져드는 것도 쾌락이라고 착각하지 말거라.

좀 놀아본 사람이라면 이미 알고 있겠지만 지금 언급한 것들은 모두 쓸모가 없는 유희일 뿐인 것들로 쾌락보다는 고통을 남긴다. 그런데 너처럼 젊은 시절에는 많은 사람이 그런 유희에 정신이 팔린다. 가장 심각한 문제는 스스로는 즐겁다고 느끼지도 않으면서 친구나 동료들이 즐기니까 따라서 즐기는 척 흉내를 내는 것이다.

인간이 즐겁게 노는 것은 아주 자연스러운 모습이다. 그러나 쾌락을 잘못 이해하면 선택의 방향을 제대로 잡지 못할 위험성이 다분하다. 한 때는 놀기 좋아하는 한량들이 부럽게 느껴질지 모른다. 하지만 그들을 따라하는 것이 너의 인생에 즐거움을 가져다주지는 않는다는 사실을 명심해라.

옛날에 멋진 한량이 되고자 하는 한 청년이 프랑스의 극작가 몰리에르의 연극 〈몰락한 방탕아Le Festin de Pierre〉를 보기 위해 극장에 갔다고 한다. 주인공의 방탕한 생활에 감동한 이 청년은 자신도 그렇게 살기로 결심했다. 주위에서 이 모습을 본 친구들은 '몰락한'은 떼어 버리고 '방탕아'만으로 만족하라고 설득했다. 그러자 그는 큰소리로 외쳤단다.

"싫어! 안 돼! '방탕아'만으로는 안 돼! '몰락한'이 붙지 않으면 완전한 방탕아가 될 수가 없단 말이야!"

농담처럼 흘려 버릴지 모르지만 우리 주변에는 이런 생각에 빠져 있는 사람들이 의외로 많다. 그들은 스스로 방탕의 늪에 빠져 헤매다가 마침내 몰락의 길을 걷고 만다.

한때는 내게도 남들에게 잘 노는 한량으로 비춰지기를 바라던 시절이 있었다. 그래서 진짜 한량이라도 된 것처럼 좋아하지도 않는 술을 마구 마셔댔고 다음날이면 숙취가 가시지도 않은 상태에서 또다시 마셔대는 생활을 반복했다. 도박도 그랬다. 재산이 넉넉한 편이었으므로 돈 때문에 도박을 한 적은 한 번도 없었다. 단지 도박도 역시 신사들의 필수 요건이라는 생각에서 시작한 것이 한동안 거기에 빠져 살게 되었던 것이다.

지금껏 인생에 가장 충실해야 할 시절에 그다지 좋아하지도 않는 술과 도박에 빠져 세월을 낭비했던 것만큼 후회되는 일은 없었다. 그로 인해 나는 젊은 시절에 내가 경험했어야 할 진정한 즐거움을 거의 누리지 못했으니까.

비록 짧은 기간이었지만 내가 억지로 누리고자 했던 쾌락은 그저 형식적인 겉치레에 불과했다. 지금 생각하면 새삼 수치스러움이 느껴지는구나. 아무튼 그런 어리석은 행동들로 인해 나 자신이 떳떳하지 못하게 느껴졌고 결국 인생을 망치고 말 것이라는 무서운 생각이 들었다. 그래서 그 이후로 음주와 도박을 완전히 끊어 버렸다.

일종의 전염병처럼 의미 없는 쾌락에 뛰어들었던 나는 결국 진정한 기쁨을 누려보지 못한 채 재산도 줄고 건강도 나빠졌다. 그 생활이 조금 더 오래 지속되었다면 결과는 더 끔찍했을 것이다.

너는 나의 이 어리석은 경험담으로부터 교훈을 얻기 바란다. 결코 다른 사람들이 즐거워하는 일이라고 해서 맹목적으로 휩쓸려서는 안 된다는 것이다.

너 자신에 대한 신념을 항상 유지해야 한다. 지금 이 순간 너를 유혹하고 있는 것에 대해 다시 한 번 재고해 보거라. 그 유혹에 빠져든다면 미래의 네 모습이 어떻게 될지 상상해 보거라. 그런 후에 그 유혹을 받아들일지 말지를 현명하게 판단해라.

지금의 나라면, 우선 겉으로 즐거워 보이는 일이 아니라 마음속에서 즐거움이 우러나오는 쪽을 선택할 것이다. 그 가운데는 친구와 저녁식사를 하며 술을 한 잔 마시는 일도 포함되겠지만 결코 건강을 해치는 정도의 과음은 하지 않을 것이다.

인생은 결코 다른 사람의 눈치를 보며 살 필요가 없다. 또 상대에게 자기 방식을 강요하거나 비난할 필요도 없다. 누구나 자기 방식대로 즐거움을 누리면 그만이다. 다만 육체적 정신적 건강만큼은 누구든 잘 조절하고 관리해야 할 것이다.

도박도 가볍게 즐기는 것이라면 무방하다. 사교적인 모임을 통해 여러 분야의 사람을 만나고 사회적 친분을 쌓는 것도 중요한 일이다. 다만 도박에 거는 판돈은 이기든 지든 서로 상관없는 범위 내에서 정해져야 한다. 도박으로 이성을 잃고 서로 싸우는 일은 결코 있어서는 안 된다.

사려가 깊은 사람들과 대화를 나누는 것도 아주 즐거운 일이다. 자기보다 뛰어난 사람과 만나 대화를 나누는 즐거움은 그 어디에도 비할 데가 없다. 내가 청년으로 돌아가 인생을 다시 살 수 있다면, 나는 정말로 참다운 쾌락을 즐기며 살고 싶구나. 참다운 기쁨을 아는 이는 술이나 도박과 같은 유희에 빠져 몸을 망치는 일이 없다.

만날 때마다 매번 술에 만취해서 걸음도 제대로 가누지 못하는 사람과 계속 친하게 지내고 싶어 하는 사람이 과연 얼마나 있겠느냐? 사교 포커 모임에서 스스로 감당하지도 못할 큰돈을 날리고서 이성을 잃어버리는 사람과 계속 모임을 갖고 싶어 하는 사람이 과연 얼마나 있겠느냐? 음탕한 생활을 즐기다가 성병에 걸려 약을 먹어야 하는 사람과 같은 자리에서 술을 먹고 싶어 하는 사람이 과연 얼마나 있겠느냐?

방탕한 생활에 빠져 정신없이 무분별하게 인생을 살아가는 사람을 기꺼이 친구로 받아들이는 사람은 거의 없다. 설령 받아들인다 해도 어쩔 수 없는 경우뿐일 것이다.

참다운 쾌락을 알고 있는 사람은 결코 품위를 잃지 않는다.

유치한 유혹에 빠져 시간을 낭비하는 일도 없단다. 만약 어쩔 수 없이 좋아하지도 않는 유희를 즐겨야 할 때라면, 너는 상대를 잘 가려야 하고 이를 자랑삼아 뽐내지도 않아야 할 것이다.

너 자신에 대한 신념을 항상 유지해야 한다.
지금 이 순간 너를 유혹하고 있는 것에 대해 다시 한 번 재고해 보거라.

09
일과 놀이는
다 같이 인생의 즐거움이다

　인생을 마음껏 즐기는 것은 좋은 일이다. 하지만 섣불리 남의 흉내를 내려 해서는 안 된다. 가슴에 손을 얹고 한 번쯤 생각해보아라. 정말로 너 자신에게 즐거운 일이 무엇인지를 반드시 자문하고서 행동해라.
　간혹 맹목적으로 게임이나 놀이에 빠져서 사는 사람들이 있다. 그런데 이상한 것은 그런 사람일수록 별로 기뻐하는 기색이 보이지 않는다는 점이다.
　진정한 기쁨의 표정을 볼 수 있는 것은 오히려 진지하게 자기 일에 몰두하고 거기서 무언가를 성취하는 사람의 얼굴에서다.

아테네의 장군이자 정치가인 알키비아데스는 진정으로 즐길 줄 아는 사람이었다. 그는 방탕하게 살았어도 자기 철학이나 일에 대해서만큼은 누구보다 진지했고 많은 시간을 할애했다.

줄리어스 시저 또한 나름대로 적절하게 일과 유희에 시간을 배분함으로써 인생을 능률적으로 살았던 사람이다. 로마의 모든 여성이 사랑할 정도였지만 일생 동안 훌륭한 학자로서 살았고 뛰어난 웅변가이자 로마 최고의 지도자라는 평판을 얻었다.

그저 놀고먹는 인생으로는 진정한 즐거움을 느낄 수 없다. 하루하루를 열심히 살아가는 사람만이 지친 몸과 마음을 마음껏 열어놓을 수 있는 법이다. 돼지처럼 살찐 대식가나 늘 술에 찌들어 사는 주정뱅이나 얼굴의 혈색마저 바래 버린 호색한은 오히려 자신이 좋아하는 것들로부터 참다운 기쁨을 누리지 못한다. 그들은 그 속에 빠져 스스로의 정신과 육체를 탕진하고 있을 뿐이란다.

지적 수준이 낮은 사람일수록 품위 없는 유희에 빠져 몸과 마음을 망친다. 반면에 지적 수준이 높은 사람은 자연스럽고 세련된 유희를 즐긴다. 어떤 경우에도 유희는 결코 목적이 되어서는 안 된다. 유희란 휴식을 위해 잠시 숨을 돌리는 것으로, 열심히 일한 시간에 대한 정당한 포상이 되어야 한다는 점을 반드시 명심해라.

너에게 한 가지 조언하고 싶은 것은, 일하는 시간과 노는 시간을 분명하게 구분하라는 점이다. 특히 집중을 요하는 일은 아침시간에 하는 것이 좋다. 그리고 저녁식사 후에는 독서나 취미활동을 하며 휴식을 취하는 것이 좋다. 휴식을 취할 때는 특별한 일이 없는 한 충분하게 즐거운 시간을 보내는 것이 좋을 것이다.

마음에 맞는 친구끼리 카드놀이를 한다든가 스포츠나 게임을 즐기는 것도 괜찮다. 연극을 관람하거나 음악을 감상하는 것도 좋다. 식사를 함께 하며 나누는 동료와의 대화도 좋다. 때로는 매혹적인 여성에게 뜨거운 시선을 보내는 것도 나쁜 것은 아니다. 하지만 절대 품위를 손상시키지 않는 상대라야 한다.

지금까지 내가 말한 것이 진정으로 즐거움이 무엇인지 아는 사람이 인생을 즐기며 살아가는 방식이다. 만약 네가 아침에 집중해서 지식을 습득한다면 1년 후에는 상당한 학식이 쌓일 것이다. 그리고 저녁에는 다양한 교제를 통해 또 다른 세상에 대한 지식도 배울 수 있을 것이다.

아침에는 책에서 배우고 저녁에는 사람에게 배워라. 네가 이것을 제대로 실천하려고 한다면, 아마도 한가하게 앉아 있을 시간이 한순간도 없을 것이다.

나도 젊은 시절에는 정말로 놀기 좋아했고 여러 부류의 사람과 사귀는 것도 좋아했다. 나만큼 그런 일에 많은 시간과 노력을 투자한 사람도 드물 것이다. 때로는 노는 게 지나칠 정도라고 생각했던 적도 있다. 그러나 꼭 한 가지, 공부하는 시간만큼은 어김없이 지키자는 것을 원칙으로 삼았다.

노느라 공부하는 시간이 모자랄 때는 잠자는 시간을 줄였다. 전날 밤에 아무리 늦게 잠들었어도 다음날 아침이면 어김없이 일찍 일어나는 습관을 들였다. 이 습관은 병이 들었을 때를 제외하고 꼬박 40년 이상이나 지켜온 나의 오랜 생활의 방침이 되었다.

습관은 어떤 원칙을 세우고 지키느냐의 문제란다. "난 원래 이랬으니 어쩔 수 없어."라고 말하지 말거라. 나를 변화시키는 일은 의외로 쉽다. 먼저 원칙을 세우고, 그 다음 그 원칙을 지키고자 노력하면 되는 것이다.

너에게 절대 놀지 말라고 주문하는 것이 아니다. 마음껏 놀더라도 지식을 습득하는 시간, 자기를 개발하는 시간만큼은 틀림없이 지키라는 것이다.

 유희란 휴식을 위해 잠시 숨을 돌리는 것으로, 열심히 일한 시간에 대한 정당한 포상이 되어야 한다는 점을 반드시 명심해라.

10
애매하게 하려면 시작하지 마라

    성실함은 커다란 자산이다. 성실한 사람은 스스로에 대한 만족감과 자부심을 가지고 있다. 그렇지 못하면 사람이 매사에 어떻게 그렇게 집중해서 일을 할 수 있겠느냐.
    어떤 일이든 열중해서 하다보면 이해력과 응용력도 생긴단다. 그러면 성취가 빨라지고 그만큼 즐거움도 따른다. 그 즐거움은 네가 노력하면 할수록 그만큼 훨씬 더 커질 것이다. 그러므로 무슨 일이든 일을 할 때는 오직 그것에만 집중하는 버릇을 길러라. 지금 하고 있는 그 일 이외에는 다른 것을 생각하지 말아라.

지식을 습득하는 일이든 열심히 노는 일이든 다 마찬가지다. 놀 때에도 역시 집중력을 발휘해라. 일할 때는 노는 것을 생각하지 말고, 놀 때는 일하는 것을 생각하지 말거라. 어느 한 쪽에 집중하지 못하고 양다리를 걸치는 사람은 만족감이나 자부심도 얻지 못하고 발전할 수도 없다. 지금의 상황에 정신을 집중하지 못하고 항상 다른 일로 머리가 복잡한 사람은 결코 인생의 기쁨을 누리지 못할 것이다.

모임이나 회식 자리에 가서 아침에 외운 외국어 문장을 떠올리고 있다고 상상해보아라. 공부에는 조금 도움이 될지는 모르지만, 다른 사람들에게 불쾌감을 줄 수 있고 심하면 따돌림을 당하게 될 수도 있지 않겠느냐? 그러면 너는 훨씬 더 큰 것을 잃게 된다는 사실을 명심해라.

한 가지 일에 집중하는 습관을 길러라. 한 번에 한 가지씩만 처리하고자 마음먹는다면 하루에도 몇 가지 일을 해낼 수 있다. 그러나 한 번에 두세 가지 일을 동시에 처리하려고 한다면, 1년이 걸려도 시간이 모자랄 것이다.

영국의 법률 고문인 위트 경은 나랏일을 거의 혼자서 도맡아 처리했음에도 불구하고 빈틈없이 잘 해냈을 뿐만 아니라 모임이나 만찬에도 빠짐없이 참석했다. 누군가 묻기를 "도대체 당신은 어떻게 시간을 활용하고 있습니까?" 라고 하자 그는 이렇게 대답했다. "그건 별로 어려운 일이 아니오. 한 번에 한 가지씩만 처리하되, 오늘 할 일을 절대 내일로 미루지 않아야 한다는 것이오."

다른 일에 정신을 빼앗기지 않고 오직 한 가지 일에만 정신을 집중할 수 있는 능력은 높이 평가할 만하다. 어떤 상황에서든 침착하게 집중할 수 있다는 것 자체가 그 사람의 천재성을 입증하는 것이다. 반면에 정신을 한곳에 집중시키지 못하는 사람은 스스로 자신의 어리석음을 시인하고 있는 것이 아니라면 무엇이겠느냐?

우리 주변에는 하루 종일 바쁘게 돌아다니지만 막상 잠자리에 들어 하루를 돌이켜보면 아무 일도 해놓은 것이 없다고 고백하는 사람들이 적지 않다. 이들은 하루에 두세 시간씩 책을 읽지만 눈동자만 글자를 쫓고 있을 뿐 머릿속에는 아무것도 집어넣지 못한다. 나중에는 자기가 무엇을 읽었는지조차 잘 기억나지 않기 때문에 그 책에 대해 논평을 할 수도 없다.

마찬가지로 사람과 대화를 할 때도 평소의 습관이 드러난다는 것을 알아야 한다. 늘 대화의 내용과는 무관한 다른 무엇인가를 생각하고 있는 사람이라면 어떻겠니? 그런 사람은 대화에 집중하거나 적극적으로 참여하려 하지 않는다. 그렇기 때문에 이야기를 나누고 있는 상대를 제대로 파악하지도 못하고 대화의 내용도 정확하게 알지 못한다.

심지어는 머릿속이 텅 비어 있어서 아무것도 생각하지 않는 사람의 경우도 있다. 그러다가 상대가 나중에 불쾌감을 표시하면, 얼버무리면서 "잠깐 깜박해서."라거나 "다른 일 때문에 자꾸 신경이 쓰여서."라고 변명을 늘어놓는다. 이런 사람은 극장에 가서도 영화는 보지 않고 관객이나 조명에만 신경을 쓴다.

제발 지금 하고 있는 일에 모든 정신을 집중하거라. 공부를 할 때 집중력이 필요한 것처럼 대화를 할 때도 보는 것과 듣는 것 모두에 주의를 기울여라.

어리석은 사람은 흔히 대화에 집중하지 않고 넋을 놓고 있다가 "다른 중요한 일을 생각하느라 그만 깜박했네요."라고 어줍지 않게 변명한다. 다른 중요한 일을 생각할 것이라면 무엇 때문에 지금 그 대화를 나누고 있다는 것이냐? 그런 사람은 처음부터 만날 필요가 없지 않았겠니?

사실 이런 사람은 중요한 일을 생각하고 있었던 것이 아니다 그보다는 애초부터 머리가 텅 비어 있을 가능성이 더 크다. 이런 부류의 사람은 집중력이 부족하고 늘 다른 곳에 정신이 팔려 있기 때문에 일이든 놀이든 어느 하나에도 능숙하지 못한 것이 특징이다.

이런 사람은 결국 자기의 주관과는 상관없는 삶을 살아간다. 놀고 있는 사람과 함께 있으면 자기도 놀고 있다는 착각에 빠지고, 일이 있으면 그 자체로 자기가 지금 무슨 일이든 하고 있다는 착각에 빠진다.

무슨 일을 해야겠다고 결심했다면 열심히 집중해서 하거라. 애매하게 할 생각이라면 차라리 시작하지 않는 것이 더 낫다.

매사에 정신을 집중하는 것이 중요하다. 정확한 판단을 내려라. 일단 해야겠다고 마음을 먹었다면 그것에 모든 정신을 집중해라. 상대의 말을 들을 때는 한마디도 빠뜨리지 말아라. 눈앞에서 펼쳐진 일은 단 하나라도 함부로 흘려보내지 말아라.

호라티우스의 작품을 읽고 있을 때는 그 내용의 옳고 그름만을 생각하면서 읽어라. 이 작품을 읽으면서 절대 다른 생각을 떠올리지 말아라. 오직 이 작품 속에 있는 멋진 표현이나 시의 아름다움에 흠뻑 빠져들어라.

이것을 명심해라. 책을 읽을 때는 다른 사람과 나누었던 대화를 생각하지 말거라. 다른 사람과 대화를 나눌 때는 읽었던 책을 생각하지 말거라.

지금 하고 있는 일에 모든 정신을 집중하거라. 공부를 할때 집중력이 필요한 것처럼 대화를 할때도 보는 것과 듣는 것 모두에 주의를 기울여라.

11
돈을 잘 쓰는 것도 공부다

　네가 미성년이면 모르지만 성년의 나이에 접어들어서까지 돈에 대한 올바른 관념을 갖추지 못한 것이라면 문제가 있구나. 인생의 목적이 돈은 아니지만 인생에서 돈은 아주 중요한 도구란다.
　흔히 돈은 버는 것은 힘들지만 쓰는 것은 쉽다고들 말한다. 그렇기 때문에 돈은 버는 것보다 쓰는 것을 잘 관리해야 한다는 것이다.
　네게 무한한 수입이 보장되지 않는 한 주어진 돈은 언제나 한정되기 마련이다. 따라서 돈에 관해서는 가장 중요한 것이 지출 계획, 즉 어떻게 잘 쓸 것인가에 대한 계획을 세우는 일이다.

나는 지식을 습득하는 일이나 사람을 사귀는 일에 관해서는 절대 돈을 아끼지 말라고 권하고 싶다.

지식의 습득에 필요한 돈은 책을 사거나 좋은 강의를 듣거나 학식이 높은 사람과 만나 설명을 듣는 데에 필요한 모든 비용이 포함된다. 그리고 사람을 사귀는 데 필요한 돈은 교제에 따르는 비용, 따라서 가벼운 오락이나 게임에 드는 비용이나 신세진 사람들에게 보내는 선물 값, 식사비, 기타 비상금 등이 포함된다. 그 이외에도 불우한 사람들을 돕는 것도 필요한 지출에 포함시켜라.

그러나 지금처럼 싸움이나 게으름으로 인해 소요되는 돈은 절대 필요한 지출이 아니다. 현명한 사람은 자기 명예를 실추시키거나 도움이 되지 않는 일에 돈을 낭비하지 않는다. 그런 식으로 돈을 낭비하는 것은 어리석기 짝이 없다.

시간을 잘 쓰듯 돈도 잘 써야 한다. 단 1분의 시간도 단 한 푼의 돈도 헛되이 쓰지 말거라. 자기 자신과 다른 사람을 위해 유익한 일에 대해서는 돈을 아끼지 말거라.

어리석은 사람은 쓸데없는 일에 돈을 쓰다가 정작 필요한 일이 닥치면 쓸 돈이 없다고 하소연한다. 잡화상에 진열되어 있는 물건들은 대부분 쓸데없는 것들이다. 상점 주인이나 직원들은 어리석은 사람의 주머니를 노리고 달라붙는다.

담뱃갑이나 패션시계, 불필요한 액세서리……. 이런 물건들에 마음을 빼앗기지 말거라. 그런 것에 집착하면 정작 정신을 차렸을 때는 네 주변에 온통 쓸모없는 물건만 가득할 뿐 정작 필요한 것은 아무것도 없을 것이다.

돈이 아무리 풍족해도 쓰는 법을 모르면 항상 부족하게 살게 된다. 반대로 돈에 대한 철학이 분명하다면 아무리 적은 돈이 있더라도 풍족하게 살 수 있다.

돈을 지불할 때는 가능한 현금으로 지불하는 것이 좋다. 또 대리인을 통하지 말고 자기가 직접 지불하는 것이 좋다. 대리인을 통하면 부득이한 수수료와 사례금 등이 지출될 수도 있다. 어쩔 수 없이 외상을 할 경우에는 반드시 자신이 직접 가서 현금으로 갚는 것이 좋다.

물건을 구입할 때는 값이 싸다는 이유로 불필요한 것을 사는 일이 없도록 해라. 그것은 절약하는 것이 아니라 돈을 낭비하는 일이다. 또 자존심을 만족시키기 위해 필요도 없는 고가품을 구입하거나 하지도 말거라. 그것은 어리석은 지출이다.

"아직 돈에 대한 관념이 부족해서."라고 말하는 사람이 있다. 너 자신이 그런 생각이 든다면 반드시 네가 지출한 돈의 출납부를 작성하는 습관을 길러라. 스스로 돈의 출납 현황을 잘 파악하고 있다면 결코 파산하거나 하는 일은 없을 것이다.

그렇다고 교통비나 식사 후에 남은 잔돈 몇 푼까지 일일이 기록하라는 이야기는 아니다. 그렇게 하는 것은 시간의 낭비일 뿐만 아니라 잉크가 아까운 일이다. 그런 자질구레한 기록은 돈을 제대로 쓸 줄 모르는 수전노나 하는 짓이다. 가계家計뿐만 아니라 다른 모든 일에 대해서도 해당되는 말이지만, 관심을 가질 만한 가치가 있는 일에만 관심을 가져야 한다. 쓸데없는 일에는 결코 관심을 기울일 필요가 없다.

현명한 사람은 사물을 있는 그대로 본다. 돈도 마찬가지다. 돈도 있는 그대로 그 가치를 보아야 한다.

그러나 어리석고 무지한 사람은 사물을 있는 그대로 보는 것이 애초에 불가능하다. 그런 사람은 마치 현미경을 통해 보듯 무엇이든 크게 확대시켜서 본다. 벼룩을 코끼리로 보기까지 하는 것이다. 그나마 눈에 보이면 다행이다. 극단적일 경우에는 지나치게 확대되어 아예 눈에 들어오지도 않는다.

별로 크지도 않은 돈 때문에 인색하게 구는 사람이 바로 그런 경우다. 돈 몇 푼 때문에 죽일 듯이 싸움을 벌이면서도 정작 자신이 수전노로 불리고 있다는 사실은 깨닫지 못한다. 그런 사람은 너무나 인색하여 자기 주변에 있는 소중한 가치들을 전혀 보지 못한다.

무슨 일이든 "분수에 맞게 하라."는 말이 있다. 신념이 확실한 사람은 스스로 자기가 가진 능력의 한계를 잘 알고 있다. 그럼에도 불구하고 때로는 그 경계가 너무 애매모호해지기도 한다. 그러니 분별력이 있는 사람이라도 세심한 주의를 기울여 그 경계를 찾아야 한다. 하물며 인생을 대충대충 사는 사람의 눈에 그 경계가 제대로 보일 리 없다.

너도 현명한 사람이 되고자 한다면 네가 가진 재력의 한계가 어디까지인지를 분명히 알고 있어야 한다. 그리고 그 경계선에 대해 항상 주의를 기울여야 한다.

곡마단에서 줄타기를 능숙하게 할 수 있는 사람은 많지만 보이지 않는 경계선을 능란하게 탈 수 있는 사람은 극히 드물다. 그러므로 항상 자기 분수를 알고 그에 걸맞게 돈을 써라. 그런 능력을 발휘하는 사람이 역사에 찬란한 족적을 남기는 것이다.

 시간을 잘 쓰듯 돈도 잘 써야 한다. 단 1분의 시간도 단 한 푼의 돈도 헛되이 쓰지 말거라. 자기 자신과 다른 사람을 위해 유익한 일에 대해서는 돈을 아끼지 말거라.

12
세상에 쓸모없는 인간은 없다

　사람을 대할 때와 마찬가지로 책을 대할 때도 네 나름의 판단을 갖고 생각하면서 읽어야 한다. 책을 암기하듯이 읽는 사람들이 많은데, 그런 사람들의 두뇌는 단지 잡다하고 불필요한 정보를 쌓아두는 창고에 불과하다. 그런 식의 잡다한 창고 속에서는 필요한 학식을 그때그때 상황에 맞게 꺼내 활용할 수가 없다.
　또한 저자의 이름이나 명성만으로 책의 내용을 무조건 받아들여서는 안 된다. 내용의 정확성과 저자의 생각이 합당한 것인지를 네 스스로 판단하도록 노력해라.

하나의 주제에 대해 여러 저자들의 책을 찾아보고 거기서 얻어진 정보를 종합하여 네 자신의 의견까지 덧붙일 수 있어야 비로소 그 지식은 너의 것이 된다. 우리가 공부하는 범위는 거기까지다.

예를 들어 역사책에는 어떤 역사적 사건의 동기나 원인이 기록되어 있기 마련이다. 그것을 아무런 판단 없이 곧이곧대로 받아들여서는 안 된다. 너 스스로 그 사건과 관련된 인물들의 사고방식이나 이해관계를 추론해보고 저자의 고찰이 과연 옳은지 아니면 그 밖의 다른 동기나 원인이 있을 가능성은 없는지를 생각해보아야 한다.

일반적으로 역사적 사건의 원인을 규명할 때는 좀 더 높은 차원의 동기를 찾고자 하는 경향이 있다. 하지만 진정한 원인이란, 예컨대 "루터가 종교개혁에 매진한 것은 자신의 금전적 욕망이 좌절되었기 때문이다."라는 식으로 밝혀질 수도 있다. 그럼에도 불구하고 학자라고 뽐내는 사람들은 역사적으로 커다란 사건뿐만 아니라 아주 작고 사소한 일에까지 어떤 깊은 정치적 동기가 있는 것처럼 기술한다. 이것은 참으로 가소로운 일이 아닐 수 없다.

인간은 크게 다르지 않다. 인간은 모두가 모순투성이의 존재다. 인간의 행동이 언제나 자기가 갖고 있는 우수한 면에 따라 진행되는 것은 아니다. 현명한 인간이 때로는 매우 어리석게 행동하는 경우도 있고 그 반대의 경우도 있다. 모순된 감정에 사로잡히거나 그날그날의 건강이나 정신 상태에 따라 변하는 것이 인간이다.

맛있는 음식을 먹고 상쾌한 수면을 취하고 날씨가 맑은 날에는 영웅처럼 행동하던 사람이 배고프고 지치고 우중충한 날에는 갑자기 아주 나약한 겁쟁이로 전락해 버리는 경우도 있다. 그러므로 인간에 대해 절대 선입견을 갖지 말거라.

다시 말하지만, 인간이란 복잡 미묘하고 모순투성이인 존재이다. 인간이란 일관성이 없고 감정의 기복이 무척 심한 동물이다.

인간의 감정은 즉흥적이기 쉽고 의지는 박약하며 마음은 몸의 건강에 의해서 좌우되는 경우가 많다. 따라서 아무리 훌륭한 인간이라도 자세히 들여다보면 보잘것없는 면도 있기 마련이다. 반대로 아무리 하찮은 인간이라도 어떤 면에서는 훌륭한 점을 가지고 있을 수 있다.

"난 원래 쓸모없는 인간이니까." 이렇게 생각하는 사람들이 의외로 많다. 하지만 아무리 쓸모없는 인간이라 해도 분명 장점을 갖고 있으며 뜻밖의 훌륭한 일을 해낼 수도 있다. 그것이 바로 인간의 진정한 모습이다. 이렇게 불완전한 존재인 인간이

벌이는 역사적 사건을 두고 진실과는 거리가 먼 더 높은 차원의 동기를 찾아내려고 애쓰는 것이야말로 진짜 모순이 아니겠느냐.

커다란 역사적 사건이 아주 비굴한 동기나 사소한 원인에 의해 벌어질 수도 있다는 점을 기억해라. 로마의 황제 시저는 원로원 23인의 음모로 살해당했다. 그것은 의심의 여지가 없다. 그러나 시저의 살해동기가 과연 음모를 꾸민 자들이 말하는 것처럼 진정으로 자유를 원하고 로마를 사랑했기 때문이었을까? 이에 대해서는 누구도 "그렇다."고 단정할 수 없다.

유감스럽게도 역사적으로 벌어진 어떤 사건의 진실을 완벽하게 규명하는 것은 불가능하다. 인간의 행위에 대한 실체는 아무리 규명하려고 해도 어디까지나 추측의 영역에서 벗어나기 힘들다. 단지 어떤 사건이 있었다는 사실을 아는 정도가 고작이며 그 해석도 나약한 인간의 감상에 불과하다.

또한 과거에 그랬으므로 현재에도 그럴 것이라고 단정하는 것도 곤란하다. 과거에 비추어 현재를 생각하는 것은 좋은 방법론이지만 언제나 과거보다 현재가 더 현실이다. 한 인간에 대해 생각할 때도 "이 사람은 원래 그랬으니까 어쩔 수 없어."라고 단정하지 말아라. 현실에서의 판단은 언제나 신중해야 한다.

현재는 과거의 반복이 아니라는 사실을 이해해야 한다. 역사적으로 과거에 있었던 사건의 진상을 규명하더라도 그 진의까지 철저하게 알아내기는 어렵다. 그것은 어디까지나 추측에 불과할 뿐이며 시간이 오래되었을수록 신빙성도 떨어진다. 게다가 유사 이래로 이 세상에서 똑같은 사건이 일어난 적은 한 번도 없었으며 그러한 역사를 기록한 역사학자 또한 없었다.

그러므로 과거가 반복된다는 식의 논쟁은 무의미하다. 비슷한 점을 참조하는 것은 좋지만 그것을 판단의 근거로 삼아서는 안 된다. 과거의 사례를 인용할 때는 모든 사람과 사물이 저마다 다르다는 점을 반드시 인식하고 있어야 하는 것이다.

과거를 보는 관점은 크게 달라도 모든 역사책의 서두에는 "이것은 진실이다."라는 문구가 들어가 있다. 그러므로 역사책을 읽을 때는 반드시 네 스스로 분석하고 판단하는 능력을 갖추어야 한다. 단지 저자의 명성만으로 그 내용을 그대로 받아들이는 것은 곤란하다.

마찬가지로 어떤 사람을 판단할 때도 다른 사람의 눈을 통하는 것은 신중하게 생각해야 한다.

그렇다고 역사라는 학문에 부정적인 생각을 가지라는 것은 아니다. 모든 사람들이 인정하는 역사적 사실이라는 것은 엄연히 존재하고, 너는 세인들의 입에 자주 회자되는 역사에 대해 반드시 알고 있어야 한다. 역사를 보는 시각이 아무리 회의적이라 할지라도 역사가 인간이 살아가는 데서 그 어떤 학문보다도 가장 가치 있는 학문인 것은 분명하니까.

아무리 훌륭한 인간이라도 자세히 들여다보면 보잘것없는 면도 있기 마련이다. 반대로 아무리 하찮은 인간이라도 어떤 면에서는 훌륭한 점을 가지고 있을 수 있다.

13
성인의 독서법

　우리가 속해 있는 이 사회는 마치 한 권의 책과도 같다는 생각이 드는구나. 내가 지금 네게 권하고 싶은 책은 바로 '사회'라는 제목의 책이다. 이 '사회'라는 제목의 책에서 얻게 될 것은 지금까지 출간된 어떤 책에서도 얻을 수 없는 '인생의 지혜'라는 학식이다.
　지혜는 어떤 지식보다도 훨씬 더 많은 도움을 네게 줄 것이다. 그러므로 훌륭한 사람들과 만나는 모임이 있을 때는 모든 일을 덮어두고라도 우선 거기에 참석하는 것이 바람직하다. 그 것이 다른 일보다 몇 배는 더 값진 공부가 될 것이다.

책을 읽는 것은 여가시간을 이용해서도 충분할 수 있다. 아마도 여러 가지 일로 바쁘겠지만 하루 동안에 잠시 쉴 수 있는 시간은 누구에게나 있기 마련이다. 그런 시간을 활용하여 독서를 한다는 것은 안식이자 기쁨이다.

사람들이 보통 "도무지 책을 볼 여유가 없어."라고 말하는 것은 독서가 주는 마음의 안식과 기쁨을 전혀 맛보지 못했기 때문이다.

많은 사람들이 독서를 꺼리는 이유는 여유가 없어서가 아니라 독서를 학업의 연장인 것처럼 여기기 때문이다. 즉 '독서=공부'라는 학생시절의 인식을 갖고 있기 때문에 성인이 되면서 책과 점점 멀어지게 되는 것이다.

여기서 나는 학생으로서가 아니라 성인으로서 독서를 할 때 유의해야 할 점을 세 가지만 말해주고 싶구나.

첫째, 사회인으로서 책을 읽을 때는 학생 때처럼 많은 책을 읽을 필요가 없다. 독서도 좋지만 사람들을 많이 만나 대화를 통해 직접 정보를 수집하는 편이 더 좋다는 것이다.

둘째, 유익하지 않은 책은 절대로 읽을 필요가 없다. 너의 인생에 아무런 필요도 없는 책을 읽느라 시간을 허비하지 말라는 것이다.

셋째, 읽고 싶은 책을 선택하고 그와 관련된 주제를 체계적이고 집중적으로 읽도록 해라.

　이 세 가지를 유의한다면 독서는 하루에 30분으로도 충분하다.

　얼마 안 되는 여가시간을 활용하여 독서를 하기 위해서는 몇 가지 요령을 익히는 것이 좋다.

　시시하고 내용이 없는 책에는 시간을 할애하지 말거라. 무식한 저자가 저급한 독자를 염두에 두고 쓴 책들이 주위에 무수히 널려 있다. 그런 책은 정신의 독약일 뿐이다.

　한 권의 책을 읽을 때는 목표를 세우고 읽고 이를 달성하기 전까지는 다른 책에 눈을 돌리지 말거라. 예컨대 현대사를 읽고자 한다면 특히 중요하고 관심을 끄는 시대를 체계적으로 구분 지어 읽는 것이 좋다. 웨스트팔리아조약에 초점을 맞추었다면, 다른 책은 손대지 말고 그와 관련된 역사책이나 회고록, 문서 등을 체계적으로 읽어가라는 것이다.

　그렇다고 책을 읽는 데 어떤 규정된 틀이 있는 것이 아니다. 독서법을 연구하기 위해 따로 시간을 들일 필요도 없다. 단지 네 나름의 방식으로 여가시간을 유용하게 활용할 수 있다면 그것으로 족하다. 다만 효과라는 측면에서 볼 때 한 번에 여러 가지 주제를 읽는 것보다는 하나의 주제에 집중하여 체계적으로 읽는 것이 능률적이라는 의미다.

책을 읽다 보면 하나의 주제를 놓고서도 서로 내용이 상이하고 모순되는 점이 발견될 수도 있다. 그럴 경우 유사한 종류의 다른 책을 찾아보는 것이 좋다. 그러면 내용을 더 명확하게 파악할 수 있을 테니까.

예를 들어 정치인들 사이에서 논쟁의 대상이 되는 주제라면 그와 연관된 책을 찾아서 읽어라. 그런 후에 다양한 사람들을 통해 그와 관련된 이야기를 듣는다면 미처 파악하지 못했던 논점들을 이해할 수 있을 것이다.

이렇게 습득한 지식은 머릿속에 입체적으로 들어오기 때문에 쉽게 잊히지 않는다. 역사적 주제가 대상이라면 사건이 발생한 현장에 직접 가보고 현지인들의 이야기를 듣는 것도 좋은 방법이다.

책을 읽으면서도 도무지 머리에 들어오지 않는 경우도 있을 것이다. 그럴 때는 억지로 책을 읽으려 하기 보다는 음악을 감상하거나 잠시 잠을 청하는 것이 더 좋단다.

 시시하고 내용이 없는 책에는 시간을 할애하지 말거라. 무식한 저자가 저급한 독자를 염두에 두고 쓴 책들이 주위에 무수히 널려있다. 그런 책은 정신의 독약일 뿐이다.

14
여행에는 상상 이상의 가치가 있다

이탈리아를 여행을 하고 있다고? 그럼 베니스에서 아드리아 해를 지나 로마로 가는 길에 있는 로레토, 리미니, 앙코나는 한 번쯤 둘러볼 가치가 있는 곳이지. 근처에는 고대 로마시대의 훌륭한 유적과 빼어난 건축, 조각, 회화 등이 많이 있단다.

젊은이들은 경솔하고 주의력이 부족한 까닭에 무엇이든 쉽게 흘려보기 십상이다. "눈으로 봐도 보지 못하고 귀로 들어도 듣지 못한다."라는 말이 있다. 장님 코끼리 만지기 식으로 보거나 소귀에 경 읽기 식으로 들을 바에는 차라리 보지도 듣지도 않는 편이 낫지 않겠느냐?

여행을 할 때는 제대로 관찰하고 여러 가지 궁금증도 가져야 한다. 여행의 목적이란 바로 거기에 있는 것이니까.

여행을 한다고 이곳저곳을 돌아다니면서 유흥이나 음식, 숙소에만 정신이 팔려 있는 것은 참다운 여행자의 자세가 아니다. 그런 여행에서 돌아오면 정작 아무런 소득도 없이 시간만 낭비한 것 같은 기분에 빠질 뿐이다.

또한 여행지에서 본 교회 건축물의 높은 첨탑이나 아름다운 시계, 호화로운 저택 등 겉모습에만 눈치레를 했다면 진정한 여행을 했다고 말할 수 없다. 그런 것을 보기 위해 여행을 떠나느니 차라리 집에서 사진집을 보는 편이 훨씬 나을 것이다.

정신을 풍요롭게 하는 여행은 분명 가치가 있지만 내용적으로 아무것도 얻지 못하는 여행은 떠나지 않은 것만 못하다. "여행은 해서 뭐해, 어디나 똑같은 걸." 이런 마음이 들어서는 곤란하다. 그러지 않기 위해서 너는 올바른 여행자의 자세를 습득해야 한다.

여행지에서는 항상 그 고장 특유의 풍습이나 타 지역과의 차이점에 관심을 기울이거라. 그 고장의 특산물, 교역품, 정치 형태 등도 자세히 관찰해라. 그 고장의 유명인사와 교류하고 독특한 예의범절이나 현지인의 품성도 잘 이해하려고 노력해라. 그러면 너는 여행의 진정한 목적을 이룰 수 있고, 여행을 마치고 돌아오면 떠나기 전보다 훨씬 더 현명해진 네 자신을 발견하게 될 것이다.

예를 들어 로마는 인간의 다양한 감정체계가 아름다운 예술로 승화되어 생생하게 표현된 도시다. 로마와 같은 도시는 세상에 그리 흔하지 않다. 그러므로 로마를 여행할 때는 캐피탈이나 바티칸 궁전, 판테온 등을 구경하는 것만으로는 부족하다.

로마에서 1분의 관광을 하기 위해서는 10일간의 정보 수집이 필요하다. 로마제국의 본질, 원로원과 황제의 권력 투쟁과 흥망성쇠, 궁정의 정책, 교황 선거의 비화秘話, 추기경의 책략 등, 절대적 권력을 자랑하던 로마제국 전체의 역사를 깊이 파고드는 것이 좋을 것이다.

어떤 고장을 가더라도 그 지역의 역사를 과거에서 현재에 이르기까지 간단하게 소개하는 소책자가 있기 마련이다. 내용이 조금 미흡하더라도 사전에 소책자를 읽어두면 여행에 많은 도움이 될 것이다. 더 자세한 정보를 알고 싶다면 그 고장에서 살아가고 있는 사람들에게 직접 물어보아라.

뭐든 알고 싶은 것이 있다면 그곳에 정통한 사람에게 물어보는 것이 최선의 방법이다. 책이란 아무리 자세히 기록했다고 해도 완벽한 정보를 제공하지는 못한다. 영국에도 자국의 현황을 상세하게 소개하는 소책자가 여러 권 출간되어 있고 프랑스도 마찬가지다. 그렇지만 그런 책자만으로는 정보가 완전하지 않다.

그렇더라도 그런 책자들은 읽을 만한 가치가 있다. 전혀 모르던 지역에 대해서도 어느 정도 알 수 있고 전혀 접하지 못했던 지식들도 들어 있기 때문이다. 그리고 의심나는 부분이 있으면 단 한 시간이라도 좋으니 그 지역에 정통한 사람에게 물어보아라. 그러면 그 지역에 관한 책을 모조리 뒤져도 찾지 못했던 정보를 접할 수 있게 될 것이다.

만약 그 지역의 군 장교와 이야기를 나눈다면, 너는 그곳의 군대에 대한 지식을 습득할 수 있을 것이다. 사람이란 누구나 자기 직업에 특별한 애착을 가지고 있다. 그렇기 때문에 자기 직업과 관련한 대화를 싫어하는 사람은 별로 없단다.

사람들 중에는 좋아하는 이야기가 나오면 저절로 신바람이 나서 모든 것을 드러내놓는 경우도 있다. 훈련방법, 의복의 배급, 야영, 임무, 급료, 검열, 숙영지 등 궁금증이 생기면 무엇이든 물어봐라.

여행을 통해 지역의 다양한 정보를 수집해두면 훗날 좋은 자료가 되기도 한다. 직접 체험한 정보를 가진 사람은 책에서 읽은 사람보다 한결 돋보이게 마련이다. 그러면 훨씬 더 매력적인 사람이 될 수 있다.

여행을 통해 얻은 정보들이 네 자신에게 얼마나 도움이 될
지 상상해보아라. 아마 실제로는 상상 그 이상일 것이다.

정신을 풍요롭게 하는 여행은 분명 가치가 있지만 내용적으로
아무것도 얻지 못하는 여행은 떠나지 않은 것만 못하다.

15
세계인이 되어라

    세계 여러 나라의 다양한 사람들을 많이 알아두는 것은 너의 인생에서 커다란 재산이 될 것이다. 여행을 하든 유학을 하든, 외국에 체류하고 있는 동안에는 그 나라 사람들 속에 최대한 동화되려고 노력해라.

    나는 네가 어느 나라에 가든 현지 사람들을 사귀는 일에 적극적이기를 바란다. 외국에 있으면서도 모국 사람들끼리 모이는 단체에 가입하거나 서로 같이 생활하거나 하는 것은 분별없는 행동이다. 그런 행동은 자기가 왜 외국으로 여행이나 유학을 갔는지 전혀 이해하지 못하고 있다는 것을 보여준다.

특히 파리에는 300명이 넘는 영국 귀족 출신의 유학생들이 집단을 이루고 있는데, 이들은 프랑스인들과는 어떤 교류도 하지 않고 자기들끼리 생활하고 있다. 파리에서 생활하는 이 귀족들의 생활은 다들 똑같다.

아침에 늦게까지 침대에서 뒹굴다가 일어나면 자기들끼리 식사를 한다. 그러면 오전에 2시간은 헛되이 흘러간다. 식사가 끝나면 노트르담 사원이나 궁전을 관광하기 위해 마차를 탄다. 저녁이 되면 커피하우스로 몰려가 저녁식사를 겸해 한바탕 술자리를 벌인다.

어떤 날은 줄지어 극장으로 향한다. 꼴사나운 디자인의 최고급 양복으로 치장한 이 귀족들은 항상 무대의 맨 앞에 자리를 잡는다. 공연이 끝나면 일행은 일제히 술집으로 달려간다. 밤늦도록 술판을 벌이고 술에 취해 길거리에서 싸움판을 벌이다가 경찰에게 체포되는 신세가 되기도 한다.

이런 생활을 되풀이하고 있는 유학생이 프랑스어 하나라도 제대로 익힐 리가 없다. 그렇게 아무런 지식도 습득하지 못한 채 귀국하고 나면 그들의 타고난 성미는 더 나빠질 뿐이다. 그들은 프랑스에서 유학했다는 것을 뽐내려고 엉터리 프랑스어를 지껄이며 프랑스식으로 생활한다. 그 모습이란 정말 꼴불견이다.

힘든 외국 생활을 한 순간의 물거품으로 만들지 마라. 외국에서 머무를 때는 그 나라 사람들과 두터운 우정을 쌓도록 노력해라. 청년들과 자연스럽게 어울리고, 노신사들을 훌륭한 본보기로 삼아라.

여행은 여러 곳을 돌아다니는 것도 좋지만 한 곳을 정하여 장기간 머무르는 것이 나는 더 좋다고 생각한다. 한 고장에 일주일이나 열흘 정도밖에 머물지 않는 것으로는 여행의 진정한 즐거움을 경험할 수는 없다. 이 짧은 시간으로는 그곳의 현지인들과 친해질 여유가 없다. 현지인들도 스쳐가는 여행자와 친해지는 것을 꺼려할지 모른다.

그러나 그곳에서 몇 달간 산다고 생각하면 이야기가 달라진다. 사람들과 친해질 시간이 충분하기 때문이다. 시간적 여유를 갖게 되면 자연스럽게 이방인이라는 선입견이 사라지고 지역사회에 동화될 수 있다. 이것이 바로 여행의 진정한 즐거움이다.

너는 어디를 가든 그곳에 사는 사람들과 친해지고 자연스럽게 그들 속에 녹아들어 그 사회의 참모습을 접할 수 있어야 한다. 그것이 곧 그 고장의 관습과 예절 그리고 그 고장만의 독특한 문화를 이해하는 방법이다. 이것은 몇 시간 혹은 며칠의 형식적인 방문으로는 결코 얻을 수 없는 것들이다.

세계 어디를 가든 인간이 지닌 본성은 크게 다르지 않다. 차이가 있다면 표현방식으로, 그 지역의 특성과 환경에 따라 다르게 나타나는 것이다. 너는 그런 다양한 문화와 풍습에 두루 익숙해져야 한다.

가령 예절을 지키려는 마음은 인간이면 누구나 다 갖고 있는 감정이다. 그러나 그 마음을 표현하는 방법은 지역에 따라 많이 다르다. 또 인간의 야심도 역시 모두가 가지고 있는 감정이지만 그 야심을 충족시키는 방법도 교육이나 풍습에 따라 제각각이다.

영국에서는 국왕에게 절을 하는 것이 존경의 표시지만 프랑스에서는 예의에 어긋나는 일이다. 또 어떤 나라에서는 군주 앞에서 머리를 땅에 대고 엎드려야 한다. 이처럼 예절은 지역과 시대 그리고 인습에 따라 각기 다르다.

이러한 예절들이 어떻게 생겨난 것이겠느냐? 예절은 인간의 감정에 기인하여 즉흥적으로 생겨나고 이어져온 것이라고밖에 말할 수 없다. 그렇기 때문에 아무리 훌륭하고 분별력 있는 사람도 그 지역의 고유한 예절을 배우지 않고서는 예의를 표현할 수 없는 것이다.

예절에 맞게 행동할 수 있는 사람은 그곳 생활을 직접 체험한 사람들뿐이다. 예절이 이성이 아니라 우연한 계기로 발생한 것이라고 해도 엄연히 존재하는 이상 우리는 거기에 따라야만

한다.

예컨대 사람들이 서로의 건강을 위해 축배를 드는 행동은 어느 고장에서나 흔히 볼 수 있다. 그런데 술을 마시는 것과 건강이 도대체 무슨 관련이 있겠느냐. 이는 상식으로는 이해할 수 없는 일이지만 관습이므로 모두가 따르는 것이 합당할 것이다.

어떤 곳에서도 공통적인 성공에 대한 가르침은 예의를 갖추고 상대에게 좋은 감정을 느끼게 하라는 것이다. 그렇지만 어떻게 행동하는 것이 예의바른 것인가는 때와 장소, 사람에 따라 다르다. 직접 눈으로 보고 몸소 체험하지 않으면 알 수 없다. 그것을 배우고 돌아오는 것이 바로 참다운 여행이란다.

분별 있는 사람은 어디를 가든 그 고장의 풍습을 배우고 그에 맞게 행동한다. 도덕적으로 용납할 수 없는 일이 아니라면, 세계 어디를 가든 그 고장의 풍습에 맞게 행동하는 것이 좋다. 그러기 위해 필요한 것이 적응력이다. 적응력이란 때와 장소에 따라 적절하게 행동할 수 있는 능력을 말한다.

스스로 동화되려고 노력하지 않고 "이곳은 나한테 안 맞는 것 같아."라고 쉽게 판단하지 말아라. 세계 어느 곳에 살든 사람들은 예절이 바른 사람에게는 진지한 표정으로 대하고, 명랑한 사람에게는 밝게 행동하고, 보잘것없는 사람에는 가볍게 상대한다.

그러니 적응력을 몸에 익히도록 열심히 노력해라. 각 나라의 고유한 풍습을 받아들여라. 파리에서는 프랑스인이 되고, 로마에서는 이탈리아인이 되고, 런던에서는 영국인이 됨으로써 너는 세계인이 되는 것이다.

다른 나라의 언어를 습득하는 것은 매우 힘든 일이다. 하나의 외국어를 능숙하게 구사하려면 그 나라 사람들과 많은 대화를 해야 한다. 책을 통해서는 문법은 알 수는 있겠지만, 숙어나 관용구 혹은 미묘한 표현 등을 익히기 위해서는 실제로 그 나라 사람들과 대화를 해보는 것이 가장 효과적인 방법이다. 상대방의 말에 귀를 기울인다면 그런 것을 쉽게 익힐 수 있다. 그러므로 어느 정도 단어를 익혔다면 틀릴 것을 두려워하지 말고 누구에게나 자꾸 말을 걸어보아라.

로마를 여행하고 있다면 우리말로 "안녕하세요?"라고 말하는 대신 서투른 이탈리아어일지라도 "부온 죠르노Buon giorno?"라고 말하는 것이 도움이 된다. 그러면 상대방은 이탈리아어로 뭐라고 대답할 것이고 너는 그 말들을 듣고 차츰차츰 배워가면 된다. 그렇게 되풀이하다 보면 너는 너 자신도 모르는 사이에 이탈리아어에 능통하게 될 것이다. 그러면 언어는 뜻밖에도 배우기 아주 쉽다는 것도 알게 될 것이다.

어느 나라를 가든 단순한 관광에 그치지 말고 그 나라의 실상을 깊이 있게 체험해라. 그 나라 사람들과 친밀하게 사귀고 그 나라의 관습과 예의범절을 몸에 익혀라. 그 나라의 언어도 배워라. 그렇게 한다면 너의 여행이 결코 헛되지 않을 것이다.

 각 나라의 고유한 풍습을 받아들여라. 파리에서는 프랑스인이 되고, 로마에서는 이탈리아인이 되고, 런던에서는 영국인이 됨으로써 너는 세계인이 되는 것이다.

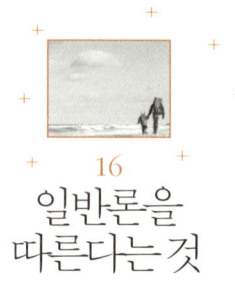

16
일반론을 따른다는 것

지식과 예절을 습득하는 것이 사람들에게 인정받는 가장 빠른 길이란다. 상류계급 사람들과 조금만 생활해보면, 너는 다양한 지식과 예절을 습득하는 일이 얼마나 중요한지 깨닫게 될 것이다.

지식도 덕도 갖추지 못한 사람들은 정말로 볼꼴 사납고 불쌍한 인간들로 보인다. 반대로 지덕을 겸비하고 겸손을 몸에 익힌 사람은 보기에도 당당하고 훌륭하다.

흔히 상류사회를 "거짓과 위선, 혹은 겉과 속이 다른 세계"라고 빈정거린다. 하지만 나는 그 말에 동의하지 않는다. 강조하건대, 일반론一般論이 옳았던 예는 드물다.

어쩌면 상류사회가 정말로 거짓과 위선이 판치고 겉과 속이 다른 세상일 수 있다. 하지만 이는 비단 상류사회에만 한정된 것이 아니다. 따지고 보면 세상에 그렇지 않은 곳이 단 하나라도 있느냐?

농부들이 모여 사는 농촌에도 역시 비슷한 세상이 존재한다. 이웃과 농지가 인접해 있는 농부는 어떻게 하면 다른 곳보다 더 많은 곡식을 추수할 수 있을지 여러 가지로 궁리할 것이다. 땅을 많이 소유한 지주 앞에서는 어떻게든 비유를 맞추기 위해 노력하고 있을 것이다.

그것은 귀족들이 군주의 환심을 사려고 노력하는 것과 거의 다를 바 없다. 다른 점이 있다면 농부들은 좀 더 솔직하고 예절을 중요시하지 않는다는 점이다.

따라서 어떤 시인이 시골사람들은 순박하고 거짓말과 위선이 없지만 상류계급 사람들은 위선자들이라고 시를 쓴다고 해도 그들의 본질은 크게 다르지 않다. 양치기나 귀족이나 모두 똑같은 인간이다. 마음으로 느끼는 것, 생각하는 것은 결국 동일하다는 것이다. 차이가 있다면, 단지 생활의 방식일 뿐이다.

그러므로 매사에 일반론에 따르는 데에는 신중을 기해야 한다. 주관 없이 끌려 다니는 것은 타고난 권리를 포기하는 일이다.

　대체로 일반론을 주장하는 사람들 가운데는 자만심이 강하고 영악하며 빈틈없는 인간이 많다. 진정으로 현명한 사람이라면 일반론을 내세울 필요가 없으니까.

　또 맹목적이고 무지한 자들만이 일반론을 아무런 의심도 없이 진실이라고 받아들인다. 왜냐하면 일반론에 의지하지 않을 수 없을 만큼 그들이 가진 지식이 빈곤하기 때문이다. 그러므로 그런 사람들은 오히려 불쌍한 사람들일 따름이다.

　세상에는 다양한 분야에서 수만 가지의 일반론이 활개를 치고 있다. 그 가운데는 틀린 것도 있지만 맞는 것도 있을 것이다. 그것이 진실이든 거짓이든 분명한 것은 대체로 자기만의 확고한 생각이 부족한 사람들이 이 '일반론'이라는 오래된 장식품으로 그럴 듯하게 치장하고서 타인의 시선을 끌려한다는 점이다.

　나는 그런 사람들이 일반론을 내세우면 일부러 진지한 표정을 지으면서 "그렇습니까? 그래서요?"라고 묻는다. 그렇게 대꾸하며 상대방이 계속 다음 말을 하도록 유도하면 그는 자신감을 잃고 더 이상 말을 잇지 못한다. 일반론밖에 아는 것이 없기 때문에 구체적으로 파고 들어가면 설득력을 잃고 어찌할 바를 몰라 우물쭈물하게 되는 것이다.

　그러므로 너는 절대 일반론을 꺼내어 상대를 지루하게 만들지 말거라. 자기의 확고한 시각이 정립된 사람이라면 시시한 일반론 따위를 내세우지 않고서도 충분히 깊이 있고 유익한 화제를 제시할 수 있다. 또 일반론에 의지하지 않고서도 자기의 의견을 명확하게 말할 수 있다. 그러면 서로 간에 기지에 찬 대화를 나눌 수 있게 된다.

매사에 일반론에 따르는 데에는 신중을 기해야 한다. 주관 없이 끌려 다니는 것은 타고난 권리를 포기하는 일이다.

17
깊이 생각하는 습관

　사물에 대해 깊이 생각하는 습관을 익혀라. 내가 볼 때 사물을 올바르게 판단할 수 있는 사려 깊은 젊은이는 그리 많지 않다. 사실 나도 사물에 대해 깊이 생각하는 습관에 익숙해지기 시작한 것이 그리 오래되지는 않았다.

　어릴 때는 대부분 혼자 힘으로는 사물에 대해 올바르게 사고하지 못한다. 커가면서 조금씩 달라지기는 하지만 대부분의 사람들은 자기 생각을 일상에서 적절하게 적용하는 일에 서투르다.

　충분히 성장하기 전까지는 책을 읽어도 그 내용을 제대로 이해하지 못한 채 받아들이고 대화를 나눌 때도 옳고 그름을 잘 분별하지 못한다. 하지만 너도 이제 성인이 되었다면 시간과 노력을 기울여 매사에 진실을 추구하는 습관에 익숙해져야 한다.

여전히 좋은 게 좋다는 생각에 빠져 있다면, 너는 아직 어른이 된 것이 아니다. 생각하기를 귀찮아하고 놀기에 바쁘다면, 몸은 어른이지만 생각은 어른이 아닌 것이다. 어떤 사회의 사고방식에 대해 스스로 깊이 생각하지 않고 무조건 받아들인다면, 이는 분별이라기보다 편견에 빠져드는 것이다. 사람들의 일반적인 생각이 전부 진리는 아니라는 점을 명심해라.

스스로 생각하는 능력을 기르겠다는 뜻을 세우고 실천에 옮겨 보거라. 일단 스스로 생각하기 시작하면 사물을 보는 눈이 놀랄 정도로 달라진다. 사물을 단지 겉모습으로만 판단하지 않고 그 이면에 작용하는 원리를 인식할 수 있게 된단다.

내가 지금 가지고 있는 생각들 중에는 이것이 과거에 다른 사람들로부터 주입된 낡은 편견인지 아니면 나 스스로 생각해서 깨달은 것인지 잘 구분이 가지 않는 것들도 있다. 나는 여전히 낡은 편견에서 벗어나지 못하고 있는지도 모른다.

오랜 시간 다른 사람으로부터 주입된 생각들은 편견 혹은 선입견으로 자리 잡기 쉽다. 스스로 생각하는 것을 게을리 하면 여러 경로를 통해 그런 생각들이 들어와 머릿속에서 그대로 굳어지게 된다.

내 경우를 말해보면, 가장 먼저 나를 사로잡았던 편견은 고전古典에 대한 맹신이었다. 이 편견은 많은 책을 읽고 또 교수들의 강의도 들으면서 자연스럽게 생겨났다.

나는 거의 절대적으로 고전을 신봉했다. 그 때문에 나는 지난 1500년 동안 이 세상에서 올바른 학문적 양식은 전혀 존재하지 않았다고 믿었다. 올바른 학문적 양식은 고대 그리스와 로마제국의 멸망과 함께 사라져 버렸다고 생각했던 것이다.

나는 그리스의 호머와 로마의 버질은 고전이기 때문에 위대한 시인이지만 밀턴과 타소는 고전이 아니기 때문에 공부할 만한 가치가 없다고 생각했다. 하지만 지금은 그 생각이 틀렸다는 것을 누구보다 잘 알고 있다.

생각해보면 1500년 전의 인간이나 현존하는 인간이나 크게 다를 바가 없다. 그때나 지금이나 인간의 본질은 똑같고 다만 시대에 따라 그 존재양식이나 관습이 변할 뿐이다. 동물이나 식물도 1500년 전이나 지금이나 전혀 달라지지 않은 것처럼 1500년 전의 인간이 300년 전의 인간에 비해 더 훌륭하다거나 현명하다고는 말할 수 없는 것이다.

학자연한 사람들은 예전의 나처럼 고전을 지나치게 신봉하는 경우가 많다. 그런 사람들은 종종 현대의 작품에 열광하는 대중들을 무식하다고 비웃기도 한다. 하지만 고대인이나 현대인이나 똑같은 인간들이다. 그들은 각각의 장점을 가지고 있지만 똑같이 결함도 가지고 있는 인간들이다.

고전에 대한 독단적인 편견과 마찬가지로 종교에 대한 편견도 사람을 편협하게 만든다. 나도 한때는 영국 국교를 신봉하지 않으면 아무리 정직한 사람이라도 구원받지 못할 것이라고 생각했다. 하지만 지금은 그것이 얼마나 편협한 생각인지 잘 알고 있다.

사물에 대한 인간의 생각은 그리 쉽게 바꿀 수 있는 것이 아니다. 또한 너의 견해가 다른 사람의 견해와 완전히 다를 수도 있다. 서로 다른 의견을 갖는다는 것은 자연스러운 현상이니 무조건 부정하려고 하지 마라. 오히려 그렇기 때문에 인간은 서로 진지하게 토론하고 너그럽게 상대의 의견에 귀를 기울여야 하는 것이다.

내가 가졌던 또 하나의 편견은 사람들의 이목을 끌기 위해서는 잘 노는 한량처럼 굴 필요가 있다는 사고방식이었다. 사람들은 잘 노는 한량을 좋아할 것이라는 생각을 아무런 고민도 없이 그대로 받아들여 행동에 옮겼던 것이다. 어쩌면 사람들로부터 왕따를 당하고 싶지 않다는 나약한 마음이 나를 그렇게 행동하도록 부추겼는지도 모르겠다.

하지만 그런 걱정은 한 때의 부질없는 두려움이다. 시간이 지날수록 잘 노는 한량들은 제아무리 박식하다고 해도 훌륭한 사람으로 대접받지 못한다. 한량 기질은 인생의 단점이 될 뿐이다. 이는 당당하지 못한 자신의 결점을 숨기려다가 오히려 없는 결점까지 만들어서 드러내는 꼴이 아니겠느냐.

그러므로 편견은 정말 무서운 것이다.

서로 다른 의견을 갖는다는 것은 자연스러운 현상이니 무조건 부정하려고 하지 마라. 오히려 그렇기 때문에 인간은 서로 진지하게 토론하고 너그럽게 상대의 의견에 귀를 기울여야 하는 것이다.

18
네 생각의 주인은 너다

나이를 먹어갈수록 더 중요해지는 것은 그럴 듯하지만 잘못된 고정관념의 틀에서 벗어나는 일이다. 고정관념은 낡은 생각이다. 시대에 따라 생각도 변해야 한다.

시대는 바뀌는데 생각은 전혀 변하지 않았다면 그 자체로 낡은 생각이다. 낡은 생각, 즉 과거의 시각에 고정되어 바뀌지 않는 생각이 바로 고정관념이다.

생각이 건전하고 이해력이 뛰어난 사람이라도 어쩌다 진리를 추구하려는 노력에 게을러지게 되면 쉽게 고정관념에 사로잡히고 만다. 하물며 집중력과 통찰력이 부족한 사람이라면 훨씬 더 쉽게 고정관념에 빠진다.

잘 알려진 고정관념 가운데 하나는 전제국가 혹은 독재정치 하에서는 진정한 예술이나 과학의 발전이 저해된다는 생각이다. 과연 인간의 자유가 제한된 곳에서는 그 재능까지도 역시 침몰되어 버리는 걸까? 이 명제는 겉으로는 매우 그럴 듯하게 보이지만 역시 고정관념일 뿐이다.

농업이나 상업과 같은 경우는 정치 형태에 따라 생산자의 이익이 수반되지 않는다면 확실히 발전하기 어려울 수 있다. 하지만 수학이나 천문학 혹은 미술이나 음악과 같은 경우는 사람들의 재능을 아무리 억제한다고 해도 진보를 멈추는 일은 거의 없다. 실제로 그런 예는 아직까지 없었다.

독재국가에서 시인이나 소설가의 자유로운 표현은 억압을 받을지도 모른다. 하지만 그렇다고 해서 정열을 기울일 대상까지 모두 빼앗기는 것은 아니다. 표현의 자유를 억압할 수는 있지만 표현의 대상까지 없애 버릴 수는 없기 때문이다. 따라서 사람들의 재능이 살아 있다면 창작은 계속된다.

그것을 증명한 사람들이 바로 프랑스의 작가들이었다. 코르네유, 라신, 몰리에르, 브왈로, 라 퐁텐과 같은 사람들은 로마의 독재자 아우구스투스시대와 견줄 만한 루이 14세의 압제 속에서도 그 재능을 꽃피웠던 작가들이다. 또한 아우구스투스시대의 작가들도 역시 악랄하고 포악한 황제가 사람들의 자유를 구속한 이후부터 탁월한 예술적 재능을 발휘하기 시작했다는 점을 머리에 새겨두기 바란다.

그리고 중세의 종교개혁도 자유로운 풍조 아래에서 생겨난 것이 아니라 절대적인 권력자였던 교황 레오 10세와 무도한 독재자 프란시스 1세 때 가장 활발하게 진행되었다.

그렇다고 내가 전제정치를 옹호하고자 하는 것은 결코 아니다. 독재는 내가 가장 혐오하는 통치방식이다. 나는 압제가 인간의 기본적 권리를 박탈하는 범죄행위라고 생각한다. 나는 단지 그런 치하에서는 과학과 예술이 발전하지 못할 것이라는 일반적인 생각이 잘못된 고정관념이라는 것을 지적하고자 하는 것뿐이다.

거듭 당부하건대, 너 스스로의 생각으로 사물을 정확하게 판단하는 습관을 길러라. 그렇게 하기 위해서는 우선 네 자신의 사고방식이 이 시대에 적합한지 아닌지 하나하나 점검해야 한다. 그 생각이 스스로의 판단인지 아니면 다른 누군가에 의해 주입된 것인지도 점검해야 한다.

네 스스로 생각을 게을리 하지 말고 어떤 편견이나 독단적인 사고방식에 사로잡힌 것은 아닌지 지속적으로 되돌아보는 것이 무엇보다 중요하다.

여러 사람들의 의견을 잘 경청하고 너 자신의 판단으로 옳고 그름을 분별해라. 모든 것을 종합하여 너의 생각을 정립하면 편견과 고정관념이 사라질 것이다.

"좀 더 일찍 시작했더라면 좋았을 텐데."라는 후회가 들지 않도록 가능한 빨리 시작해라. 귀찮고 번거롭게 여겨지는 일일수록 생각하는 데 더 많은 시간을 할애해라.

인간의 판단이 항상 옳은 것은 아니다. 간혹 잘못된 생각을 가질 수도 있다. 그러나 그렇기 때문에 오히려 더 많이 생각하는 습관을 길러야 한다. 오류를 피한다는 이유로 아무것도 하지 않고 살 수는 없지 않겠느냐? 따라서 네가 스스로 생각하고 행동하는 것이야말로 오류를 범하지 않는 가장 최선의 지침이라는 사실을 기억해라.

행동의 오류를 최소화하기 위해서는 독서나 대화를 통해 사고력을 길러야 한다. 독서와 대화는 스스로 생각하는 것을 도와주는 좋은 수단이다. 그렇다고 그것들을 무조건 분별없이 받아들여서는 곤란하다.

모든 생각의 주인은 언제나 너 자신이고 다른 모든 것들은 보조물에 불과하다는 것을 명심해라.

 시대는 바뀌는데 생각은 전혀 변하지 않았다면 그 자체로 낡은 생각이다. 낡은 생각, 즉 과거의 시각에 고정되어 바뀌지 않는 생각이 바로 고정관념이다.

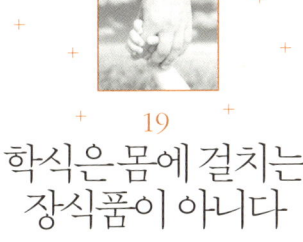

19
학식은 몸에 걸치는 장식품이 아니다

한 인간이 소유한 장점은 다른 측면에서는 그의 단점으로 작용하기도 한다. 말을 잘하는 사람이 어떤 경우에는 말이 많다는 비난을 받는 것이다. 또 생각이 깊은 사람이 정치를 하면 우유부단하다는 소리를 들을 수도 있다. 이처럼 어떤 장점이나 덕행德行도 그와 비례하는 단점이나 부덕不德으로 작용할 수 있다.

어떤 경우에는 스스로 장점이라고 생각하는 점들로 인해 자칫 전혀 의도하지 않은 과오를 저지르는 일도 생긴다. 가령 관대함이 지나치면 아이를 응석받이로 만들게 되고, 절약이 지나치면 인색하다는 욕을 먹게 되고, 용기가 지나치면 무모한 자로 취급당하게 되고, 신중함이 지나치면 겁쟁이로 낙인찍히게 된다.

드러난 결점은 금방 깨달을 수 있고 스스로 마음만 먹으면 고치기도 쉽다. 하지만 스스로 좋다고 생각하는 점은 그렇게 생각하기 때문에 오히려 남용하기 쉽고 절제하기는 어렵다. 따라서 장점을 발휘할 때는 단점을 감추는 것 이상의 세심한 주의를 기울여야 한다.

부덕한 행위는 결코 아름답지 않으므로 사람들은 무의식중에 그것을 외면하고 관여하지 않는다. 그러나 덕행에 대해서는 처음부터 그 아름다움에 마음을 빼앗기고 지속적으로 매료당한다. 그러다 보면 우리 자신도 모르게 어느새 그것에 취해 비틀거리게 된다.

네가 올바른 판단을 내려야 할 때가 바로 이 시점이다. 덕행이 끝까지 덕행이 되기 위해서는, 즉 장점이 끝까지 장점이 되기 위해서는 그것이 주는 유혹에 빠져 정신을 잃지 않도록 네 자신을 계속 채찍질해야 하는 것이다.

예를 들어보자. 학식이 풍부한 것은 커다란 장점이다. 하지만 이 장점도 자칫하면 빠져들기 쉬운 함정으로 변할 수 있단다.

학식이 풍부하지만 아무것도 실천하지 않는다면, 그 사람은 그저 학자연하는(혹은 잘난 척하는) 인간으로 전락하고 말 것이다.

또 머리에 든 것만 많고 올바른 판단력이 없다면 더 지독한 관념주의자가 되거나 다른 사람의 생각을 무조건 억누르는 꼰대가 되고 말 것이다.

너무 확신에 차서 상대의 의견을 무시하거나 일방적으로 자기 판단을 상대에게 강요하는 정치가라면 어떻게 되겠니? 무시당한 상대방은 모욕감으로 상처를 입을 것이고 매사에 순순히 따르려고 하지 않을 것이다. 그 사람은 오히려 사소한 일에도 격분하고 반항할 가능성이 많다. 그러므로 훌륭한 지도자가 되고자 한다면 애초부터 그런 함정에 빠져들지 않도록 조심해야 한다.

사람은 자신감이 클수록 더욱 겸손해져야 한다. 무턱대고 네 자신만을 내세우지 말거라. 너의 견해를 말할 때도 한마디로 잘라 말하지 말거라. 상대를 설득하고자 한다면 그의 의견을 정중하게 경청해라. 그 정도의 겸손조차 발휘하지 못하는 사람이라면, 상대를 설득할 자신감이 없는 사람이라는 점을 명심해라.

스스로 학자연하여 얄미운 인간이라는 비난을 듣지 마라. 그렇다고 얌전히 앉아 무지한 인간처럼 보이게 하지도 마라. 가장 좋은 방법은 겸손하게 자신의 학식을 드러내는 일이다.

사람들과 자연스럽게 어울려서 그저 평범한 이야기를 주고받아라. 화려하게 과장하지 말고 순수하게 털어놓으면 된다.

상대보다 조금이라도 더 훌륭하게 보이려고 애쓰거나 더 많이 아는 것처럼 보이려고 애쓰지 마라. 학식이란 회중시계처럼 가볍게 주머니 속에 넣어두면 된다. 그것을 자랑하기 위해 애써 주머니를 뒤질 필요가 없다. 시간을 묻는 사람이 있을 때 시계를 꺼내어 알려준다면, 그것이야말로 진정한 학식이다.

학식은 장식품이 아니라 필수품이다. 적절한 시점에 제대로 활용할 수 있어야만 그 진가가 발휘되는 것이다.

상대를 설득하고자 한다면 그의 의견을 정중하게 경청해라. 그 정도의 겸손조차 발휘하지 못하는 사람이라면, 상대를 설득할 자신감이 없는 사람이라는 점을 명심해라.

20
이론주의자는 너무 피곤하구나

　오늘 하루는 완전히 녹초가 되었구나. 아니, 질렸다고 표현하는 것이 더 좋겠다. 학식이 깊은 먼 친척 한 분이 나를 찾아와서 저녁식사를 함께 했다. 그러면 너는 "피곤해도 즐거운 일이 아닌가요?"라고 반문할지도 모른다. 하지만 그 자리는 정말로 불편했다.
　한마디로 그 사람은 구제불능이었다. 그는 예의도 없고 대화도 통하지 않는, 말 그대로 '꽉 막힌 사람'이었다. 잡담이나 가십은 근거 없는 시시콜콜한 이야기일 뿐이다. 반면 그의 이야기는 전부 완벽한 근거가 있는 이야기들뿐이었다. 나는 거기에서 싫증이 났다. 식사 테이블에서 가볍게 나누는 대화라면 차라리 근거 없는 잡담이 훨씬 나을 것이기에…….

그는 오랫동안 연구실에 틀어박혀서 어떤 주제에 대해 연구를 거듭한 끝에 자기주장을 세웠다. 그래서 그는 대화 내내 자기주장만을 내세웠다. 확실히 그의 주장은 많은 면에서 합당해 보였다.

하지만 유감스럽게도 현실성이 있는지는 의문이었다. 그는 책상 앞에 앉아 책만 읽었기 때문에 학문에는 조예가 깊을지 모르지만 현실에 관해서는 대단히 무지했다.

그는 자기 생각을 말할 때도 굉장히 서투르고 어렵게 설명했다. 말이 자주 끊기고 말하는 태도도 무뚝뚝하기 그지없었다. 게다가 내가 잠시라도 화제를 돌리려고 하면 눈을 부릅뜨고서 경계했다.

결국 나는 이 신사를 통해 하나의 결론에 도달했다. 아무리 학식이 뛰어나도 이런 꽉 막힌 사람을 만나기보다는 교양이 좀 부족해도 세상물정을 아는 수다쟁이 여인과 이야기하는 편이 훨씬 나을 것이라는 점이다.

현실성이 결여된 사람의 주장을 듣는 것은 너무나 피곤한 일이다. 그들이 말하는 것처럼 세상은 그렇게 판에 박힌 듯이 돌아가지 않는다. 하지만 그런 사람은 비논리적인 현실을 인정하려고 들지 않는다.

　세상은 그런 것이 아니라고 지적하면 화를 내며 내 이야기에 귀를 기울이지도 않는다. 그의 입장에서는 어쩌면 당연한 일인지도 모른다. 자기는 옥스퍼드나 케임브리지에서 한평생 연구에 전념해온 사람일 테니까.

　예를 들어 인간의 감정이라고 하면, 그는 이성과 감성, 의지, 감상, 감각 등 보통 사람은 전혀 생각하지 않는 부분까지 세분화시켜서 철저히 연구하고 분석하여 자기 학설을 정립했을 것이다. 그러므로 자기주장을 굽히지 않고 스스로 맹목적으로 믿고 따르는 것은 당연하다.

　그의 주장은 물론 나름대로 훌륭하지만 상대에게 무조건 강변하는 것은 매우 난처한 일이 아닐 수 없다. 게다가 그 주장은 현실적이지도 않다. 그는 실제로 인간을 관찰한 적도 없고 제대로 만나지도 않았기 때문에 세상에 다양한 부류의 인간이 존재한다는 사실을 이해하지 못한다.

　그는 세상에는 갖가지 습관이나 편견과 기호가 있다는 것을 이해하지 못한다. 극단적으로 말하자면 현실의 인간에 대해서는 완전히 무지하다.

　어떤 연구실에서 "인간은 칭찬을 받으면 일을 더 잘한다."라는 이론을 정립했다고 한번 생각해봐라. 이를 증명하기 위해서는 행동양식이 천차만별인 다양한 사람들과 만나 대화를 나누고 실험을 해야 한다. 그런데 책만 읽을 줄 알고 정작 현실에서 증명할 방법을 모른다면 어떻게 되겠느냐.

그 명제를 실천하기 위해 때와 장소를 가리지 않고 상대에게 매일 칭찬만 늘어놓는다면 그 사람은 몹시 당황하고 어리둥절할 것이다. 그리하여 상대는 다음에는 또 무슨 말이 튀어나올지 몰라 가슴을 졸이게 될 것이다.

칭찬이 아무리 좋은 것이라 해도 장소나 상황에 전혀 맞지 않거나 타이밍이 좋지 않다면 차라리 안 하느니만 못하다. 또 같은 칭찬이라도 사람에 따라서는 오히려 나쁜 기분을 불러일으킬 수도 있다. 이런 모든 변수들을 다 고려했을 때에만 그 이론은 가치가 있는 것이다.

이론만으로는 세상을 알 수 없다. 너는 현실이 이론보다 더 풍부하다는 사실을 먼저 깨달아야 한다.

머릿속에 이론만 가득 찬 사람은 항상 자기주장만 강요할 뿐 상대에 대한 고려는 전혀 하지 않는다. 그런 사람은 현재 상대가 어떠한 상황에 처해 있는지, 무슨 이야기를 하고 싶어 하는지 전혀 염두에 두지 않는다. 아니, 염두에 두려는 마음조차도 없다.

현실성이 결여된 사람의 주장을 듣는 것은 너무나 피곤한 일이다. 그들이 말하는 것처럼 세상은 그렇게 판에 박힌 듯이 돌아가지 않는다.

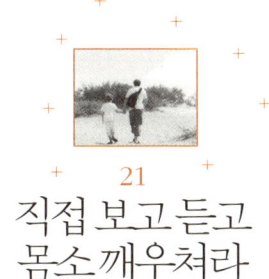

21
직접 보고 듣고 몸소 깨우쳐라

천재 물리학자인 아이작 뉴턴은 프리즘을 통해 투과된 빛을 처음 보았을 때, 사람도 "이 사람은 이 색깔, 저 사람은 저 색깔." 하는 식으로 몇 가지 색깔로 분류할 수 있을 것이라고 생각했다. 그러나 경험이 풍부한 염색업자는 뉴턴처럼 머리가 좋지는 않았지만 색깔에도 명도와 채도가 있다는 사실을 잘 알고 있었다.

하나의 색깔처럼 보이는 색도 실제로는 여러 가지 색깔이 섞여 있는 것이다. 처음부터 한 가지 색깔로만 된 인간은 없다. 인간도 여러 색깔이 섞여 있고 때로는 명암이 들어가 있기도 하다. 그뿐만이 아니다. 빛을 받는 정도에 따라 천의 빛깔은 여러 가지 색으로 변한다. 마찬가지로 인간도 역시 상황에 따라 여러 가지 모습으로 변하는 것이다.

이런 이치는 세상을 경험해본 사람이라면 누구나 알고 있는 평범한 사실이다. 그런데 세상에는 머리가 좋다고 하는 사람들이 오히려 이 평범한 사실을 모르는 경우가 많다. 세상과 동떨어져 혼자 연구실에 앉아 있는 거만한 학자들이 주로 그런 사람들이다.

세상의 이치는 생각만으로는 결코 알 수가 없다. 춤추는 것을 본 적이 없거나 한 번도 춤을 배워본 적이 없는 사람은 제아무리 악보를 잘 읽고 멜로디나 리듬을 완전히 이해한다고 해도 절대 춤을 추지는 못한다. 외국어를 배울 때도 아무리 문법을 열심히 공부했어도 정작 외국인과 대화를 하려고 하면 말이 제대로 되지 않는다.

춤은 직접 추어봐야 배울 수 있고 외국어는 직접 말해봐야 배울 수 있다. 이처럼 자신의 눈과 귀로 직접 보고 들어서 아는 사람이 실제로 아는 사람이다.

세상의 이치도 이와 다르지 않단다. 정말로 칭찬의 힘을 아는 사람은 언제 어떻게 칭찬을 해야 하는가를 알고 있다. 무조건 칭찬의 말을 늘어놓는다고 칭찬을 잘하는 사람이 아니라는 것이다. 칭찬을 잘하는 사람은 드러내놓고 칭찬하기보다는 완만하고 비유적으로 혹은 암시적으로 칭찬한다. 그런 사람은 환자의 체질에 따라 처방을 달리하는 명의名醫와도 같다.

우리는 학식이나 인품이 좀 모자란 듯한 사람이 자기보다 훨씬 더 뛰어난 사람들을 부하로 두는 것을 종종 보게 된다. 그런 사람은 똑똑한 수하들을 거침없고 능수능란하게 다룬다. 열등한 인간이 어떻게 우수한 인간을 거느릴 수 있을까?

그것은 그 열등한 인간이 다른 우수한 인간들보다 오히려 세상에 더 잘 적응하면서 인생의 지혜를 더 많이 익혔기 때문에 가능한 일이다. 우수한 인간들은 학식과 인품은 갖추었을지 모르지만 세상사에는 어두운 사람들이다. 그런 사람들의 약점에 대해 잘 알고 있기 때문에 열등한 인간이라도 그들을 마음대로 조종할 수 있는 것이다.

직접 보고 듣고 몸소 체험함으로써 세상을 깨우친 사람은 그저 책을 통해서 세상을 배운 사람과 근본적으로 다르다. 무거운 짐을 운반할 때는 훈련된 노새가 말보다 훨씬 더 유용한 법이지.

너는 지금까지 세상에서 보고 들은 것들, 체험한 것들을 종합하여 잘 간직해라. 그것을 바탕으로 세상에 대한 시각을 한층 더 갈고 닦아야 한다.

책읽기를 게을리 하지 마라. 그렇다고 책에만 빠져 있지도 마라. 아침에 라로슈푸코의 명언을 읽고 머리에 새겼다면 저녁에 술자리에서 만나는 사람들을 상대로 그것을 써먹어 보거라.

성인이 되면 점차 자기 자신의 판단에 입각하여 행동하지 않으면 안 된다. 그런 의미에서 사회과학 서적을 많이 읽어두는 것도 좋다. 책의 내용과 사회의 현실을 비교하는 것은 판단력을 기르는 훌륭한 공부가 될 테니까.

책에는 많은 것이 들어 있다. 책을 통해 많은 것들을 미리 체득해두는 것은 좋은 일이다. 그렇지만 책을 읽는 것으로 끝내지 말고 실제로 사회에 뛰어들어 그 모습을 관찰해라. 그렇게 하지 않으면 어떤 지식도 살아있는 지식이 되지 못한다는 사실을 기억해라.

책상 앞에 지도를 펼쳐놓고 눈이 뚫어져라 쳐다본다고 해서 세계에 대해 알 수 있는 것은 아니다. 그런 식으로는 정작 알아야 할 것은 결코 알지 못한다.

춤은 직접 추어봐야 배울 수 있고 외국어는 직접 말해봐야 배울 수 있다.
이처럼 자신의 눈과 귀로 직접 보고 들어서 아는 사람이 실제로 아는 사람이다.

22
설득의 기술

　내가 영국 상원에 율리우스력Julius曆을 그레고리력Gregorio曆으로 개정하기 위한 법안을 제출했을 때의 일이다. 이 이야기는 너의 인생에도 틀림없이 큰 도움이 될 것이다.

　율리우스력이 태양력을 11일이나 초과하는 부정확한 달력이라는 사실을 모르는 사람은 거의 없다. 그것을 개정한 사람이 교황 그레고리우스 13세이며, 그의 그레고리력은 곧 유럽 대부분의 가톨릭 국가에 의해 채택되었다. 이어 러시아와 스웨덴 그리고 영국을 제외한 모든 프로테스탄트 국가에서도 받아들여졌다.

나는 영국만이 여전히 율리우스력을 고집하고 있는 것이 매우 불합리하다고 생각했다. 해외를 자주 여행하는 정치인이나 무역상들도 나와 생각이 같았다. 그래서 나는 영국의 달력을 개정하는 일에 앞장서기로 결심했다.

우선 국가를 대표할 만한 자격을 가진 유명한 법률가와 천문학자들의 도움을 얻어 법안을 작성했다. 나의 고생은 여기에서부터 시작되었다. 당연한 일이지만 이 법안의 내용은 법률 전문용어와 천문학의 어려운 계산으로 가득 차 있었다. 하지만 나는 법학이나 천문학에는 완전히 문외한이었지.

법안을 통과시키기 위해서 나는 그 분야에 대해 조금이나마 학식이 있다는 것을 의원들에게 보여줄 필요가 있었다. 또 나와 똑같이 문외한인 의원들도 조금은 납득한다는 분위기를 갖게 만들 필요도 있었다.

천문학에 대해 설명하는 일은 켈트어나 슬라브어를 처음 말할 때만큼 그렇게 어려운 일은 아니었다. 하지만 의원들의 입장에서는 어떨까?

나는 그들이 어려운 천문학에 대한 설명을 듣는 일에 아무런 흥미를 느끼지 못할 것이라고 판단했다. 그래서 내린 결론이 내용에 대한 설명이나 전문용어의 나열을 생략하자는 것이었다.

나는 먼저 의원들의 마음을 사로잡는 일에 가장 많은 힘을 쏟았다. 나는 이집트력에서부터 그레고리력에 이르기까지 각각의 달력이 가진 장단점을 일화를 섞어가며 재미있게 설명했다. 특히 말씨와 몸동작에 많이 신경을 썼는데, 이것이 성공했다.

의원들은 확실히 나의 의견에 동조했다. 과학에 대한 전문적인 설명은 전혀 꺼내지도 않았고 그런 것을 설명할 생각도 처음부터 없었다. 의원들은 오로지 나의 일반적인 설명만을 통해서도 모든 것을 명백히 알아들을 수 있었던 것이다.

이어서 법안 작성에 누구보다도 큰 힘을 쏟은 유럽 제일의 수학자이자 천문학자인 마크레스필드 경이 전문적인 설명을 덧붙였다. 그런데 그의 설명은 어려웠고 미흡했던지 크게 호응을 얻지 못했다. 때문에 아이러니컬하게도 모든 찬사가 나에게 돌아왔다. 그때 나는 말하는 기술이 얼마나 중요한지를 깨달았다.

아무리 좋은 내용이라도 설명하는 사람이 거친 음성과 기묘한 억양으로 이야기한다면, 듣는 사람의 입장에서는 내용이 귀에 잘 들어오지 않는 것이 당연하다. 조리가 맞지 않고 화법이 엉망인 경우도 마찬가지다.

반대로 사소한 이야기라도 매우 호감이 가게 말하는 사람을 보면, 말의 내용과는 상관없이 그 사람이 왠지 대견하게 보일 것이다. 적어도 나는 그렇단다.

만약 네 스스로 이야기하고자 하는 것을 논리 정연하게 설명할 수 없다면, 너는 정치가나 외교관처럼 사람들 앞에서 자주 연설하는 직업은 갖지 말아야 할 것이다. 왜냐하면 사람들은 말의 내용보다는 너의 말솜씨에 더 크게 반응할 것이기 때문이다.

그러므로 말하는 기술을 익혀라. 사적인 모임에서 주위의 관심을 끌기 위해서도 필요하고, 공식적인 자리에서 청중을 설득시키기 위해서도 그 기술은 꼭 필요하다. 어떤 말을 하는지도 중요하지만, 그에 못지않게 몸짓과 표정, 분위기, 품위, 목소리의 높낮이, 사투리의 유무, 강조하는 부분, 억양 등의 사소한 부분들까지 전부 신경을 써야 한다.

피트 씨와 사법장관 뮤레이 씨는 영국에서 연설을 가장 잘하는 인물이다. 이 두 사람을 제외하고 의회를 조용하게 만들 수 있는 인물은 없다. 이 두 사람의 연설은 시끄러운 의원들을 침묵시키고 열심히 귀를 기울이게 만드는 어떤 강력한 힘을 가지고 있다. 청중들 속에 있으면 바닥에 떨어지는 바늘 소리까지 들릴 정도다. 나도 그들의 연설에 매혹당한 사람 가운데 하나다.

이 사람들의 연설은 어떻게 그렇게 힘이 있을까? 내용이 훌륭해서일까? 정확한 증거를 제시해서일까?

한번은 집에 돌아와서 내가 그들의 연설에 매혹당한 이유를 곰곰이 생각해본 적이 있다. 그 연설의 내용이 무엇이었는지 하나하나 되짚어보았다. 그런데 놀랍게도 내용이 거의 없었을 뿐만 아니라 그다지 설득력 있는 주제도 아니었다. 나는 단지 그들의 말솜씨에 매료되었던 것이다.

세상이란 그렇단다. 연설을 들을 때 사람들은 어떤 가르침을 얻으려고 하기보다는 미사여구를 듣는 쪽을 택한다. 연설이 사람들의 귀에 잘 전달되고 연사가 찬사를 받기 위해서는 우선 목청이 좋아야 한다.

기억해라. 웅변의 목적은 진리의 추구가 아니라 설득이다. 그러므로 너는 이참에 말하는 기술에 대해 생각해보거라. 그것은 아주 중요하고 가치 있는 일이다.

지식인들 몇몇이 모여 논쟁하는 자리에서는 진실하고 논리적인 화법이 더 매력적으로 보이고 설득력을 발휘할 것이다. 하지만 다수의 대중을 상대로 하는 공식적인 장소에서는 결코 그런 화법이 통하지 않는다.

또한 설교조로 말하는 것은 연설에 그다지 능숙하지 못한 사람들이 채택하는 방식이다. 애초부터 사람들은 설교를 듣는 것을 그리 좋아하지 않는다. 그것은 자기가 무식하다는 말을 듣는 것과 똑같기 때문이다.

 말하는 기술을 익혀라. 사적인 모임에서 주위의 관심을 끌기 위해서도 필요하고, 공식적인 자리에서 청중을 설득시키기 위해서도 그 기술은 꼭 필요하다.

23 말솜씨를 길러라

　말솜씨가 뛰어난 사람이 되려면 어떻게 해야 하겠느냐? 우선 말하는 기술을 습득한다는 목표를 마음에 새기고 있어야 한다. 그리고 수시로 책을 읽고 문장을 외우고 발음을 연습하는 등 네가 할 수 있는 노력을 모두 경주해야 한다. 우선 너 자신에게 이렇게 말하거라.

　나는 사회적으로 인정받는 훌륭한 사람이 되고 싶다. 그러기 위해서는 말을 잘해야 한다. 첫째, 일상적인 대화법을 연마하여 정확하고 품위 있고 겸손한 말솜씨를 몸에 익히도록 하자. 둘째, 고전이든 현대적 작품이든 상관없이 웅변가들이 쓴 책을 많이 소리 내어 읽도록 하자. 말을 잘하기 위해서는 반드시 노력이 필요하다는 것을 마음속에 새겨두자.

실제로 말하는 기술을 익힌다는 목적을 가지고 책을 읽을 때는 문체나 말의 사용법에 주의하는 것이 좋다. 어떻게 하면 좀 더 훌륭한 표현이 되는지, 똑같은 글을 내가 쓴다면 어떤 점이 달라져야 할지를 생각하며 읽어야 한다.

똑같은 내용이라도 작가나 말하는 사람에 따라 그 표현이 모두 다르다. 표현이 어떻게 다른지, 또 표현이 달라지면 내용이 풍기는 인상이 어떻게 달라지는지 유의해서 읽어라. 내용이 아무리 훌륭해도 표현이 서툴거나 품격이 없거나 자연스럽지 못하면 전체적인 리듬이 깨어진다. 그런 부분들을 잘 관찰해 보거라.

일상에서 흔히 쓰는 말에서도 너 자신만의 독특한 스타일을 갖는 것이 중요하다. 이야기를 시작하기 전에 미리 생각하고 준비하는 것도 중요하다. 그러지 못했을 경우에는 이야기가 끝난 후에라도 좀 더 좋은 화법은 없었을까 하고 반성하는 자세가 필요하다.

관객의 마음을 사로잡는 대사를 읊을 때 배우들이 어떤 식으로 발음하는지 주의를 기울여본 적이 있느냐? 자세히 살펴보면, 훌륭한 배우는 발음이 명확하고 억양에 방점을 둔다.

다시 말하지만, 말은 개념을 전달하기 위한 수단이다. 이 수단이 서툴거나 듣기 싫은 방식이어서 말하고자 하는 개념을 제대로 전달하지 못한다면 그것은 매우 어리석은 일일 것이다.

말하는 기술을 익힐 때는 동료와 같이 하거나 혹은 선생을 두어도 좋다. 매일 큰소리로 책을 읽는 것을 들어달라고 다른 사람에게 부탁해라. 책을 읽을 때 숨을 잇는 방법이나 강조하는 방법, 읽는 속도 등에 어색한 점이 있으면 일일이 그 대목에서 중지시키고 정정해달라고 부탁해라.

혼자서 연습할 때도 스스로 네가 말하는 것을 잘 들어보도록 해라. 처음에는 아주 천천히 읽으면서 말씨를 고치도록 유의해라. 발음에 다소 껄끄러운 부분이 있으면 빨리 말할 때 상대가 잘 알아듣지 못한다. 발음하기 힘든 글자가 있으면 완벽하게 발음할 수 있을 때까지 몇 번이든 계속해서 연습해라.

말에는 조리도 필요하다. 사회적으로 제기되는 문제들을 몇 가지 골라 그에 관해 찬성과 반대의 의견을 머릿속에 떠올리며 논쟁하는 것을 상상해보거라. 논쟁에 쓰이는 언어는 될 수 있는 한 품위가 있어야 한다.

예를 들어 상비군의 창설에 대해 논의한다고 생각해보자. 반대하는 입장에서는 막강한 군사력으로 인해 주변 국가들이 위협을 느끼고 군비를 확장하게 될 것이라는 의견을 제시할 것이다. 찬성하는 입장에서는 궁극적으로 주변 국가들을 힘으로 제압할 필요가 있다는 의견을 제시할 것이다.

이러한 찬반양론에 대해 깊이 생각해보면 너 스스로에게 훌륭한 공부가 될 것이다. 본질적으로 악惡인 상비군의 창설이 필요악이 될 수 있을지 어떨지를 차분히 생각해보아라. 그렇게 생각한 것을 나름대로 정리하고 우아한 문장으로 기록해보아라. 그러한 생각들이 계속 쌓이다보면, 어떤 상황에서도 항상 능숙하게 이야기하고 토론하는 습관이 저절로 몸에 베이게 될 것이다.

사람을 제압하기 위해서는 상대를 과대평가하지 않는 것이 중요하다. 연설로써 청중을 압도하기 위해서도 역시 청중을 과대평가하지 않아야 한다. 처음 상원의원이 되었을 때 나는 의회가 존경받는 사람들만 모인 곳이라는 생각으로 일종의 위압감을 느꼈다. 하지만 그것도 잠시뿐, 의회의 실제 상황을 알고 나서 그런 생각은 금방 사라졌다.

560명의 의원들 가운데 사려분별이 확실한 사람은 기껏해야 30여 명 정도이고 나머지는 모두 평범한 사람에 가깝다. 그리고 설득력 있게 연설을 해야 할 필요가 있는 사람들도 역시 그 30여 명에 불과하다. 나머지 의원들은 내용과는 상관없이 그저 듣기에 좋은 연설만 하면 거기에 만족한다.

청중을 과대평가하지 않게 되자 연설할 때 긴장하는 일도 적어졌다. 나중에는 아예 청중을 신경 쓰지 않고 나의 이야기를 제대로 전달하는 일에만 모든 정신을 집중시킬 수 있게 되었다. 나는 이제 알맹이 있게 이야기를 전달할 수 있을 만큼은 말하는 기술을 터득했다고 자부한다.

웅변가는 솜씨 좋은 제화공製靴工과 흡사하다. 제화공은 일단 고객의 기호를 어떻게 맞출지를 터득하고 나면, 그 다음부터는 기계적으로 그 제품을 만들 수 있게 된다.

만약 청중을 만족시키는 연설을 하고 싶다면, 너는 청중이 만족하는 이야기를 하면 된다. 연설자가 청중의 개성까지 신경 쓸 필요는 없다. 청중을 있는 그대로 받아들이면 그만인 것이다.

반복해서 말하지만, 대중은 자기들 마음에 맞는 것만 좋아하고 받아들인다는 사실을 잊지 말아라.

사람을 제압하기 위해서는 상대를 과대평가하지 않는 것이 중요하다.
연설로써 청중을 압도하기 위해서도 역시 청중을 과대평가하지 않아야 한다.

24
글씨에도 인품이 깃들어 있다

　영수증에서 너의 서명을 보고 나는 좀 실망했다. 말씨도 그렇지만 글씨를 보면 어느 정도 그 사람의 인품을 알 수 있다. 그러므로 서명 하나를 할 때도 성의껏 해야 한다.
　정치가나 혹은 사업가들도 언제나 똑같은 서명을 하는 것이 관례로 되어 있다. 서명은 보통 다른 글자보다는 좀 더 크고 뚜렷하게 쓴다. 그래야 자기 서명을 다른 사람이 도용하는 것을 미연에 방지할 수 있다.
　작고 알아보기 힘든 서명을 보면, 나는 그런 서명으로 인해 일어날 수 있는 갖가지 좋지 않은 일을 떠올리게 된다. 만약 정부의 각료에게 보내는 편지에다 그런 서명을 한다면 각료는 누군가 은밀히 보낸 기밀문서일 것이라는 생각으로 암호해독 전문가에게 그 편지를 넘길지도 모른다.

만약 사랑하는 여인에게 병아리를 보내는 척하며 그 안에 사랑의 편지를 숨겨 보낸다면(이 방법은 프랑스의 앙리 4세가 연애편지를 보낼 때 자주 썼던 수법이다), 편지를 받은 여인은 그것이 길거리에서 병아리를 파는 장사치가 쓴 것이라고 생각할지도 모른다.

그러므로 서명 하나를 하라도 아무렇게나 쓱쓱 해버리지 말아라. 그것은 네 스스로가 "나는 그저 그런 사람이요."라고 드러내는 행동이다. 서명은 글로 쓴 자기 얼굴이다. 나는 누군가 적어놓은 서명이 보잘것없고 초라하면 그 사람의 얼굴도 그와 마찬가지일 것이라고 생각한다.

바쁘다 보니 그렇게 할 수밖에 없다고 변명할지 모른다. 하지만 바쁘다고 허둥지둥 서명해 버리는 것도 역시 스스로 침착하지 못한 인물임을 드러내는 꼴이다.

현명한 사람은 서두르는 적은 있어도 결코 허둥대는 적은 없다. 허둥대면 반드시 일을 망친다는 사실을 잘 알고 있기 때문이다. 그러므로 현명한 사람은 일을 서둘러 마치는 경우는 있을망정 일을 아무렇게나 처리하는 경우는 없다.

사람들은 대체로 주어진 일을 끝내기에 힘이 부친다는 것을 알았을 때 허둥댄다. 자기의 능력으로는 어쩔 도리가 없다고 생각하기 때문에 사려분별을 못하게 되어 허둥대며 이리저리 뛰어다니는 것이다. 이는 소심하고 침착하지 못하다는 증거다. 결국 그런 사람은 혼란에 빠져 자기 일을 확실히 끝내지 못하고 대충 마무리하게 된다.

침착하고 분별력 있는 사람은 다르게 행동한다. 해야 할 일을 완전히 끝마칠 때까지 소요되는 필요 시간을 미리 정하고, 서둘러 끝내야 할 상황에서도 일을 확실하게 마무리한다. 그러므로 서둘러 일을 처리하더라도 언제나 냉정하며 결코 당황하는 모습을 보이지 않고, 한 가지 일을 제대로 마무리하기 전에는 절대 다른 일에 손을 대지 않는다.

물론 여러 가지 해야 할 일이 많아서 한 가지 일에 원하는 만큼 충분한 시간을 낼 수 없을 수도 있다. 그런 점은 충분히 이해한다. 하지만 네게 충고하건데, 일을 아무렇게나 처리하려면 차라리 절반만 완벽하게 하고 나머지는 손대지 말고 그냥 놔두는 편이 낫다. 게다가 무성의한 사람으로 오해를 받을 정도로 글씨를 아무렇게나 써버리는 어리석음을 저지르면서 겨우 몇 초의 시간을 더 벌었다고 한다면, 그것은 결코 잘한 짓이 아니다. 결국 그 시간은 다시 아무런 쓸모도 없이 허둥지둥 흘러가 버릴 것이니까.

 현명한 사람은 서두르는 적은 있어도 결코 허둥대는 적은 없다.

25
어떤 친구를 사귈 것인가

트리노에는 평판이 좋지 않은 영국인들이 많이 살고 있다는구나. 소문에 의하면 그들은 무리를 지어 몰려다니면서 거칠고 난폭하고 무례하며 편협하게 행동한다고 한다.

자기들끼리 그러면 다행이지만, 그런 무리들은 보통 선량한 친구들까지 자기 패거리에 들어오라고 집요하게 압력을 넣는다. 그리고 뜻대로 되지 않을 때는 상대를 무시하고 업신여기며 고립시키는 수법을 쓴다. 경험이 없는 사람에게 이 방법은 강제로 압력을 받는 것보다 효과가 훨씬 크다. 너도 그런 수작에 말려들지 않도록 주의해야 한다.

대체로 아직 젊은 사람들은 다른 사람, 특히 친구나 동료로부터 어떤 부탁을 받으면 웬만해서는 딱 잘라 거절하지 못한다. 상대의 입장을 생각하면 미안한 마음도 들고, 한 마디로 거절하면 스스로 체면이 손상된다는 생각도 하기 때문이다.

그런 생각이 물론 잘못된 것은 아니다. 상대의 부탁을 들어주고 상대를 기쁘게 해주고자 하는 마음은 대부분 좋은 결과를 가져온다. 하지만 상대가 좋지 않은 의도를 가지고 있다면 사정은 달라진다. 그럴 경우는 부탁을 들어주는 사람은 본의 아니게 상대에게 끌려 다니는 최악의 결과를 초래하게 된다는 것이다.

좋지 않은 의도라는 사실을 알면서도 상대의 부탁을 들어주게 되는 가장 큰 이유는 그것을 거절하면 행여 사람들에게 따돌림을 당하지 않을까 하는 걱정 때문이다. 그러나 절대 그런 걱정은 하지 말아라. 그런 사람들로부터는 오히려 따돌림을 당하는 편이 네게 더 낫다.

자신에게 어떤 결점이 있다면 그것만으로도 벅찬 일이다. 그런데 하물며 남의 결점까지 따라하여 자기 결점을 더 크게 만드는 것은 얼마나 어리석은 짓이겠니?

트리노의 대학에는 여러 부류의 사람들이 다 모여 있다. 금방 모든 사람과 친해지고 전부 친구가 될 수 있다고 생각한다면 잘못이다. 그것은 당치않은 자만심이다. 진정한 우정은 그렇게 쉽게 얻어지는 것이 아니란다. 오랜 시간 서로에 대해 잘 알고 이해한 후가 아니라면 진정한 우정은 피어나지 않는다.

몰려다니는 패거리들 사이에서 만연하는 것은 이름뿐인 우정이다. 어리석은 사람은 우연히 알게 된 친구들과 함께 무분별하게 행동하거나 유희에 빠져 허우적거리면서 마치 진한 우정을 확인한 것처럼 생각한다. 하지만 이런 우정은 잠시 동안은 뜨거울지 몰라도 곧 차갑게 식어 버리고 말 것이다. 즉흥적으로 만나 술과 여자로 맺어진 우정이니 얼마나 진실할 수 있겠느냐.

차라리 진지하게 사회에 대한 반항이라고 선언하는 편이 더 애교가 있다. 하지만 이 경박한 패거리들이 그런 재치를 발휘할 리도 없다. 그들은 우정이라는 허울 좋은 이름으로 쓸데없이 돈을 빌리고 친구를 위한다는 명목으로 싸움질을 벌인다.

이런 친구들과는 어떤 계기로 일단 멀어지게 되면 우정은 손바닥 뒤집듯 하루아침에 변한다. 그들은 사이가 나빠지면 그뿐 두 번 다시 상대를 생각해주는 일 따위는 없다. 서로 상대의 험담을 떠벌리고 다니면서 오히려 지금까지의 쌓았던 신뢰를 저버리고 우롱하기에 급급해할 뿐이다.

여기서 네가 명심해야 할 것 한 가지는 친구는 단지 같이 노는 상대가 아니라는 점이다. 함께 있으면 즐겁다고 해서 꼭 좋은 친구가 아니라는 것을 기억해라. 그런 친구는 오히려 친구로

서 부적합할 경우가 더 많다. 우정은 느리게 자라는 나무와 같단다. 술이 빚은 우정은 술처럼 하룻밤밖에 가지 않는다는 사실을 명심해라.

주위에 어떤 친구를 두고 있느냐에 따라 그 사람에 대한 평가가 달라진다고 해도 과언은 아니다. 스페인 명언에 이런 구절이 있다. "당신이 누구와 함께 생활하고 있는지 말해보라. 그러면 나는 당신이 어떤 사람인지 이야기할 수 있다."

부도덕한 자나 어리석은 자를 친구로 둔 사람은 역시 부도덕하거나 어리석은 자라는 의심을 받게 된다. 그러므로 그런 자들과는 처음부터 친구로 지내지 않는 것이 상책이다.

그러나 한 가지 주의해야 할 점이 있다. 부도덕한 자나 어리석은 자가 접근해올 경우 피하는 것이 당연하지만 지나치게 냉담하여 상대를 적으로 만들 필요는 없다는 것이다. 친구로 삼고 싶지 않은 사람이 있다면 눈치 채지 못하도록 피하거라. 그들을 적으로 만들어서 득이 될 일은 하나도 없다.

만약 내가 그런 입장에 처한다면 나는 중립을 지킬 것이다. 악행이나 우매한 행동은 미워하지만 인간은 적대시하지 말아야 한다. 따라서 중립을 지키는 것은 매우 실용적이다. 상대로부터 적의를 불러일으키면 곤란하고, 그렇다고 친구가 되는 것도 싫다. 그럴 경우 친구도 적도 아닌 중립적인 관계로 남는 것도 현명한 일일 것이다.

  중요한 것은 상대가 누구든 해서 좋은 말과 해서는 안 될 말이 있다는 사실이다. 행동도 역시 해서 좋은 것과 해서는 안 될 것이 있다. 이것을 구분하여 네 자신을 잘 통제해야 한다. 하지만 지나치게 분별하여 행동하는 태도를 보이는 것은 좋지 않다. 그런 태도는 오히려 상대에게 불쾌감을 줄 수 있으니까.

  진정한 의미에서의 분별력을 갖춘 사람은 흔치 않다. 대부분의 사람들은 입을 굳게 다물어 버리거나 혹은 자기 생각을 전부 떠벌림으로써 상대를 적으로 돌린다.

오랜 시간 서로에 대해 잘 알고 이해한 후가 아니라면 진정한 우정은 피어나지 않는다.

26
지인들의 수준이
너의 수준을 결정한다

인생에는 친구 말고도 많은 지인들이 필요하다. 사람을 깊이 사귀는 것도 좋지만 폭넓게 사귀는 것도 중요하다. 그러므로 너는 어떤 사람들과 어떻게 친분을 쌓아야 할 것인지 이제부터 많이 생각해보아야 한다.

우선은 가능한 자기보다 훌륭한 사람들과 친분을 쌓는 것이 좋다. 훌륭한 사람들과 사귀면 너 자신도 똑같이 훌륭해진다. 반대로 자기보다 수준이 낮은 사람들과 사귀면 너의 수준도 똑같이 낮아지게 된다. 앞서 말했듯이 인간은 어떠한 사람을 만나는가에 따라 그 사람과 점점 닮게 되기 때문이다.

훌륭한 사람이란 꼭 좋은 가문이나 높은 지위에 있는 사람을 의미하는 것은 아니다. 내가 말하는 훌륭한 사람은 내실이 있는 사람, 다시 말해 세상 사람들로부터 훌륭하다고 인정받을 만한 장점을 갖추고 있는 사람을 말하는 것이다.

훌륭한 사람은 몇 가지 종류로 나누어볼 수 있다. 먼저 사회에서 한 분야의 지도자로 왕성하게 활동하는 사람이 있고, 특수한 재능이나 자질을 가진 사람이 있으며, 학문이나 예술성이 뛰어난 사람도 있다.

어떤 분야에서든 자기 혼자 그렇다고 생각하는 것이 아니라 주위 사람들이 모두 인정하는 사람이어야 진정으로 훌륭한 사람이다. 간혹 예외적인 인물이 있지만 크게 상관할 바는 아니다.

바람직한 모임은 다양한 유형의 사람이 모이는 집단이다. 게다가 그 모임에 참여하는 사람들이 모두 훌륭하다는 평판을 듣는다면, 절대 눈살을 찌푸려야 할 만한 인물이 들어갈 수는 없을 것이다. 그런 모임에서는 갖가지 좋은 인품과 도덕관을 가진 사람을 만날 수 있다. 겪어보면 알겠지만 여러 유형의 사람을 만나는 것은 매우 즐겁고 유익하다.

그렇게 보면 단지 신분이 높은 사람만 모이는 집단은 오히려 바람직하지 않을 것이다. 비록 중요한 인물의 소개로 어쩔 수 없이 그런 모임에 들어갈 수도 있겠지만, 그 지역에서 훌륭하다고 인정을 받지 못하는 모임이라면 가급적 피하는 것이 좋다. 그런 모임에는 신분만 높고 머리가 텅 빈 사람이나 상식적인 매너를 지키지 않는 사람, 혹은 아무짝에도 쓸모가 없는 사람이 많기 때문이다.

또 학식만 뛰어난 사람들끼리 모이는 집단도 그렇다. 학식이 뛰어나면 세인들로부터 정중한 대접을 받겠지만 모임을 함께 하기에는 적합하지 않다. 왜냐하면 그런 사람들은 마음 편하게 행동할 줄 모르기 때문이다. 그들은 자기 학문을 벗어난 세상에 대해서는 거의 무지하기 때문이다.

그래도 그런 모임에 가입해서 가끔 참석하는 것이 꼭 나쁜 일은 아니다. 그로 인해 네 평판에 금이 가는 일은 없을 테니까. 하지만 너의 사교생활을 그런 모임에 참석하는 것으로 한정시켜서는 절대 안 된다. 이른바 학자연하는 인물로 낙인찍히면 인생에서 커다란 족쇄가 될 수도 있기 때문이다.

대부분의 젊은 사람들은 재치가 넘치는 사람과 함께 있고 싶어 한다. 스스로 재치가 별로 없다면 그런 사람과 사귀는 것이 즐겁고 자랑스러울 것이다. 그러나 그런 매력적인 인물과 만날 때는 판단력을 잃지 말고 적당히 사귀는 것이 좋다.

재치 있는 사람과 친밀하게 지내는 것은 나름대로 의미가 있고 즐거운 일이다. 다만 그 사람이 아무리 매력적이라도 지나치게 자주 만나는 것은 좀 생각해봐야 할 문제다. 재치라는 것이 언제나 좋게만 받아들여지는 것은 아니기 때문이다. 오히려 반대로 사람을 초조하게 만들고 공포심을 불러일으키는 경우도 종종 있다.

대체로 주위에 지켜보는 이목이 많을 때는 번득이는 재치는 두려워지는 법이다. 그것은 여성이 총을 두려워하는 것과 같은 이치다. 안전장치가 채워져 있지 않아 총알이 언제 어디로 날아갈지 모르기 때문이다.

반드시 명심해야 할 것은 가능한 수준이 낮은 사람과는 친하게 지내지 말아야 한다는 점이다. 인격적으로 덕이 부족하고 지능도 낮으며 사회적 지위도 없는 사람과는 자주 만나지 말거라.

자기 자신은 내세울 만한 장점이 없으면서 상대와 교제하고 있는 것을 자랑으로 삼는 사람은 특히 경계해라. 그런 사람은 상대의 곁에 있기 위해 그의 단점까지도 모조리 칭찬할 준비가 되어 있는 사람이다. 그런 사람과는 절대 깊이 교제해서는 안 된다.

혹시 너는 내가 너무 당연한 사실에 대해 말한다고 생각할지 모른다. 하지만 중요한 것을 이야기하는 것이다. 분별력 있고 확고한 사회적 지위를 가진 사람도 그런 수준 낮은 사람과 교제하다가 스스로 신용을 잃고 몰락하는 모습을 내 눈으로 직접 보았기 때문이다.

가장 큰 문제는 바로 허영심이다. 허영심으로 인해 인간은 수없이 많은 악행을 저지르고 어리석은 행동을 일삼는다. 사람들이 자기보다 수준이 낮은 사람과 만나는 것도 사실 이 허영심을 만족시키기 위해서다.

사람은 누구나 자기가 속한 집단에서 가장 인기 있는 사람이 되고 싶어 한다. 즉 동료로부터 칭찬과 존경을 받고 자기 뜻대로 그들을 이끌고 싶어 하는데, 그것이 바로 허영심이다. 많은 사람들이 그런 쓸데없는 찬사를 듣고 싶어서 자기보다 수준이 낮은 사람들과 교제하는 것이다.

허영심의 결과는 어떨까? 얼마 못가 자기 스스로 그들과 똑같은 수준으로 전락하고 말 것이다. 그리고 자기보다 좀 더 나은 사람을 만나려 해도 이미 수준 낮은 사람으로 취급받게 될 것이다.

다시 한 번 강조한다만, 사람은 만나는 사람이 누구냐에 따라 달라진다. 사람들은 네가 누구를 만나는지를 보고 너를 평가할 것이다.

 반드시 명심해야 할 것은 가능한 수준이 낮은 사람과는 친하게 지내지 말아야 한다는 점이다.

27
낯선 모임에
적응하는 법

젊은 시절 내가 처음으로 사교 파티에 참석했던 때가 지금도 생생하게 기억난다. 케임브리지를 갓 졸업하고 아직 학생 티를 벗지 못했던 나는 눈앞에 있는 사람들이 어렵게만 느껴져서 어찌할 바를 몰랐다. 소개받은 사람들은 모두가 눈부셨고 나는 몸도 제대로 가누지 못했다.

"당황하지 말고 우아하게 행동하라고!" 나는 몇 번이나 나 자신을 타일렀지만 인사를 할 때 너무 많이 머리를 숙이는 나의 행동은 어색하고 경직되어 있었다. 누군가 말을 걸어와도 입을 떼기가 힘들었고 누군가에게 말을 걸어볼 용기는 더 더욱 없었다.

한쪽에서 수군거리고 있는 사람들을 보면 그들이 나를 비난하고 있는 것은 아닐까 하고 걱정했다. "나를 바보 취급하면 어쩌지?" 그 자리에 있는 사람들 모두가 나를 주시하며 손가락질할 준비를 하고 있는 것처럼 느껴졌다. 하지만 돌이켜 보면 참으로 순진했다는 생각이 드는구나. 도대체 누가 나 같은 풋내기에게 신경이라도 썼겠느냐?

파티가 진행되는 동안 나는 마치 감옥에 갇힌 죄수의 심정으로 자리를 지키고 있었다. 만약 훌륭한 사람들과 만나서 나 자신을 훌륭하게 만들고자 하는 강한 의지가 없었다면 아마도 맥없이 물러났을지 모른다. 하지만 나는 그 자리에 끝까지 버티고 서 있었다. 어떻게든 나 자신을 그들과 어울리도록 만들어야 한다고 생각했던 것이다.

그렇게 결심하고 시간이 좀 지나자 마음이 조금 편안해지는 것이 느껴졌다. 분위기에 익숙해지면서 행동도 훨씬 자연스러워졌다. 누군가와 인사를 할 때도 전처럼 어색하게 머리를 숙이지 않았고 대답도 우물거리지 않고 부드럽게 할 수 있었다.

어떻게 처신해야 할지 몰라 진땀을 흘리고 있는 내 모습을 본 사람들이 이따금 다가와서 말을 걸어주었다. 그들은 나를 위로하고 용기를 주기 위해 온 것이다. 그들과 대화하면서 나에게

차츰 용기가 솟아났다.

　나는 처음에 고상한 분위기를 풍기는 어떤 여자에게 다가가 "오늘은 날씨가 좋군요."라고 말을 걸었다. 그러자 여자는 매우 정중하게 "나도 그렇게 생각해요."라고 대답했다. 그리고 갑자기 대화가 끊겼다. 다음에 무슨 말을 해야 할지 알 수가 없었던 것이다. 그러자 그 여자의 목소리가 다시 들려왔다.

　"당황하실 필요 없어요. 이런 자리가 처음이라 좀 어색하신 모양인데……. 그렇다고 여기 모인 분들과의 교제를 단념하겠다는 생각은 하지 마세요. 다른 분들도 다 당신과 허물없이 교제하기를 원하고 있어요. 그 마음이 제일 중요해요. 그 다음이 방법을 익히는 문제죠. 당신은 결코 사람 사귀는 일에 서툰 분이 아니에요. 조금 도움을 받으면 금방 좋아질 수 있어요. 제가 도움이 된다면 기꺼이 친구들을 소개해드리죠."

　이 말을 듣고 내가 얼마나 기뻤던지, 그리고 또 얼마나 당황했던지……. 나는 두세 번 헛기침을 했다. 뭔가 목을 꽉 막고 있는 느낌이어서 그렇게 하지 않으면 말을 할 수 없을 것만 같았다.

　"친절한 말씀에 감사드립니다. 저 스스로 행동에 자신을 가질 수 없는 이유가 있습니다. 이런 모임에 익숙하지 않기 때문이죠. 하지만 저를 도와주신다니 어떻게 감사를 드려야 할지 모르겠습니다."

내 말이 끝나자 그 여자는 기다렸다는 듯이 자신의 친구 서너 명을 불렀다.

"여러분, 제가 이 분의 친구가 되기로 했습니다. 이분은 제가 마음에 꼭 드셨던 모양입니다. 그렇지 않다면 잔뜩 긴장한 채 용기를 내어 저에게 '오늘은 날씨가 좋군요.'라고 말을 걸어오지 못했을 거예요. 여러분도 모두 이 분의 친구가 되어주세요. 이분에게는 좋은 친구들이 필요합니다. 제가 좋은 친구가 못 된다고 생각하시면 이분은 아마도 다른 분을 찾으시겠죠. 그렇지만 오페라 가수나 여배우를 택하시면 안 됩니다. 그런 분들과 사귀면 재산을 탕진하고 건강도 잃고, 결국에는 생각까지 거칠어질 게 뻔하니까요."

뜻밖의 연설을 듣고 그 자리에 있던 사람들이 웃음을 터뜨렸다. 나는 시무룩한 표정으로 서 있었다. 나는 그 여자가 진심으로 친구처럼 말하고 있는지 아니면 나를 놀리고 있는지 알 수가 없었다. 아무튼 나는 창피하기도 했지만 기쁘기도 했고, 실망하기도 했지만 용기도 얻을 수 있었다.

나중에 알게 되었지만 그 여자는 나를 진심으로 친구로 받아들이고 있었다. 그 여자가 소개해준 다른 사람들도 나를 정말로 잘 감싸주었다. 그로 인해 나는 차츰 자신감이 생겼고 그런 자리가 더 이상 부끄럽지 않게 느껴졌다. 좋은 본보기를 발견하면 열심히 따라했다. 그러다 보니 더욱 편안한 마음으로 행동할 수 있게 되었다.

너는 다른 사람들로부터 호감을 사는 사람이 되고 싶지 않느냐? 그렇다면 용기를 가져라. 훌륭한 인물이 되겠다고 굳게 마음을 먹는다면 무엇이든 못할 일이 없단다. 하고자 하는 의욕과 끈기만 있다면 말이다.

 다른 사람들로부터 호감을 사는 사람이 되고 싶지 않느냐? 그렇다면 용기를 가져라.

28
필요 이상으로 남을 과대평가하지 마라

어린 시절에는 사람이나 사물에 대해 과대평가하기 쉽다. 보고 듣는 것 모두가 아직 낯설고 잘 모르는 것이기 때문이다. 하지만 커가면서 진실을 알게 되고, 그러면 사람이나 사물에 대한 과도했던 평가도 차츰 사라진다.

인간은 생각하는 것처럼 그렇게 지적이거나 이성적인 존재가 아니다. 인간은 감정에 의해 쉽게 무너져 버리는 나약한 존재다. 사람들에게 유능하다는 평가를 받는 사람도 역시 절대적인 것은 아니다. 유능하다는 평가를 받는 것은 다른 사람들과 비교했을 때 상대적으로 낫다는 뜻일 뿐이다. 따라서 유능한 사람이라는 것은 단지 상대적으로 결점이 적은 사람이라는 말이다.

유능한 사람들은 자기 통제력이 뛰어나 스스로의 결점을 보완할 줄 안다. 하지만 그런 노력에도 불구하고 결점은 종종 드러나기 마련이다. 자세히 살펴보면 위대하다 혹은 완벽하다고 알려진 사람에게도 많은 결점이 있다는 것을 쉽게 알 수 있다. 저 유명한 로마의 정치가 브루투스도 역시 마케도니아에서는 도적과 같은 짓을 하지 않았더냐! 프랑스의 추기경 리슐리외는 시적 재능을 평가받기 위해 남의 것을 표절하지 않았더냐!

인간이 어떤 존재인가를 알기 위해서는 프랑스의 도덕주의자 라 로슈푸코 공작이 쓴 《잠언록》을 참고하기 바란다. 이 책을 조금씩이라도 좋으니 매일매일 읽어 보거라. 이 책은 인간을 있는 그대로의 모습으로 정확하게 파악하고 인간에 대해 많은 것을 일깨워주는 책이다.

이 책을 읽고 나면, 너도 사람을 필요 이상으로 과대평가하는 오류를 범하지 않게 될 것이다. 그렇다고 이 책이 필요 이상으로 인간을 부당하게 깎아내리는 것은 아니다.

젊은이들은 항상 기운이 넘쳐흐른다. 언제 선로를 이탈하여 질주할지 모른다. 그냥 두면 자칫 충돌하여 목뼈가 부러질 위험성도 있다.

하지만 이 무모한 젊음도 비난만 받는 것은 아니다. 젊은 패기에 신중함과 자기 통제력이 더해지면 사람들로부터 크게 환영을 받을 수 있다. 그러므로 사람들 속에 당당하게 뛰어들어라. 너의 패기 있고 당찬 모습은 사람들의 마음을 순식간에 사로잡을 테니까.

그러나 젊음의 패기는 비록 고의적은 아니더라도 상대를 화나게 만들 수 있다는 사실도 알아야 한다.

유능한 사람은 자기 통제력을 발휘함으로써 상대를 잘 다룰 줄 안다. 유능한 사람은 이성의 힘으로 사람을 다루려는 어리석음을 범하지 않는다. 그들이 사람을 다룰 때는 상대의 감정이나 감각 등을 교묘하게 이용한다. 그것이 이성에 호소하는 것보다 훨씬 쉽고 거의 실패하는 일도 없기 때문이다.

가능하다면 네가 만날 사람의 성격이나 처한 상황을 미리 알아두는 것이 좋다. 미리 대비하면 지레 짐작으로 말해야 하는 상황에 처하지는 않을 것이다.

만나는 사람들 가운데는 마음씨가 좋은 사람만 있는 것이 아니다. 나쁜 사람도 많이 있을 것이다. 비판하기 좋아하는 사람도 많지만 비판받아 마땅한 사람이 더 많을 것이다.

그런 사람을 대할 때는 일반적인 장점에 대해 칭찬하거나 일반적인 단점에 대해 옹호하는 것이 좋다. 그러면 상대는 일반적인 이야기일지라도 그것이 자신에게 해당되는 말이라고 여기기 때문에 틀림없이 기뻐할 것이다.

사람들은 또한 낯선 사람들 속에 있으면 다른 사람들이 계속 자기를 주시하는 것 같은 착각에 빠진다. 주위에서 작은 목소리로 소곤거리는 것을 보면 자기에 대해 이야기하고 있다고 오해하기 쉽다. 스크라브가 《계략》이라는 책에서 우스꽝스럽게 표현한 것처럼 "저렇게 크게 웃고 있잖아. 틀림없이 나를 보고 웃고 있는 거야." 하고 생각하게 되는 것이다.

낯선 사람들 속에서도 잘 적응하려면 몇 명의 사람들에게 이렇게 부탁해보아라.

"제가 경험이 부족해서 실례를 저지르지 않나 걱정입니다. 저의 무례한 행동을 발견하면 주저 말고 지적해주십시오."

대부분의 사람들은 기본적으로 다른 사람들을 돕고 싶어 하는 마음을 가지고 있다. 따라서 마음을 털어놓고 상대의 도움을 청하면 들어주지 않을 사람은 별로 없다.

상대로부터 어떤 지적을 받았을 때는 그것을 우정의 증거로 생각하고 상대에게 "감사합니다."라고 인사하는 것을 잊지 말아라. 감사의 뜻을 표하면 상대도 기분이 좋아지고, 다른 사람들도 자연스럽게 너에게 도움을 줄 것이다. 그러면 너는 몸도 마음도 한결 자유로워지고 낯선 사람들 속에서도 잘 적응할 수 있게 될 것이다.

젊은 패기에 신중함과 자기 통제력이 더해지면 사람들로부터 크게 환영을 받을 수 있다. 그러므로 사람들 속에 당당하게 뛰어들어라.

29
허영심, 조금은 있어도 좋다

 허영심은 어느 나라 어느 시대를 막론하고 인간이라면 모두가 가지고 있는 본성이라고 말할 수 있다. 허영심은 다른 사람들로부터 찬사를 받고 싶어 하는 마음이다.

 다른 사람들로부터 찬사를 받는다면 굳이 나쁠 것은 없다. 하지만 허영심이 지나치면 어리석은 언행이나 범죄를 저지르는 일까지 생길 수 있기에 문제가 된다.

 적당한 허영심은 자기 발전에 도움을 준다. 왜냐하면 주위로부터 칭찬받고 싶다는 욕구 자체는 대체로 지금보다 더 나아지고자 하는 마음과 연관되어 있기 때문이다. 그러므로 분별력과 겸손함을 가지고 있다면 허영심도 조금은 있는 것이 좋지 않을까싶다.

　인정받거나 칭찬받고 싶은 마음이 전혀 없다면 사람은 매사에 무관심하고 의욕을 상실하게 될 것이다. 그런 욕구가 없는 사람은 실제로 그 무엇도 적극적으로 하려고 하지 않는다.

　적극적인 생각이 없으면 자기가 가진 능력을 제대로 발휘하지도 못한다. 결국 그런 사람은 자기가 가진 능력보다 더 낮은 등급의 사람으로 취급당하는 것에 만족할 수밖에 없을 것이다.

　반대로 허영심이 강한 사람은 오히려 자기가 가진 능력 이상을 드러내 보이기 위해 많은 노력을 기울인다. 겉으로 드러난 외모에 신경을 많이 쓰기도 하고 지적인 허영심을 충족시키기 위해 엄청난 양의 책을 읽기도 한다.

　사실 나도 허영심이 좀 많은 편이다. 게다가 그것을 유감스럽게 생각한 적도 없다. 나는 주위 사람들로부터 찬사를 받을만한 어떤 장점이 내게 있다면 그것을 강조하고 더 개발하려고 노력한다. 그 덕분에 나는 타고난 능력 이상으로 평가받는 사람이 되었고, 이는 일정부분 나의 허영심 덕분이기도 하다.

　사회에 처음 진출했을 때 나의 출세욕은 대단히 높았다. 무슨 일이 있어도 인정받는 사람이 되어야 한다는 보통 이상의 뜨거운 욕망을 품었다. 그 때문에 아주 어리석은 행동을 한 적도 몇 번 있지만 다행히 분별력을 발휘한 덕분에 잘 대처해왔다고 자부한다.

어떤 모임에서도 나는 다른 누구보다도 뛰어난 사람이 되고자 노력했다. 그리고 그러한 노력이 내 안에 잠재되어 있는 능력을 끌어내는 원동력이 되었다. 그 결과 나는 가장 뛰어난 사람은 아니라도 2~3등은 될 수 있었다.

나는 내가 참여하는 모든 곳에서 사람들이 주목하는 존재가 되었다. 어떤 곳에서든 일단 핵심적인 존재가 되고나면 그 사람이 하는 일은 모두가 존경의 대상이 된다. 내 경우도 마찬가지였다. 사람들 사이에서 나의 말과 행동이 본보기가 되는 것을 지켜보는 일은 무척 즐거운 경험이었다.

나는 많은 모임에 초청되었고 그곳 분위기를 좌우하는 사람이 되었다. 사람을 대할 때는 상대의 성격에 따라 프로테우스(그리스신화에 나오는 바다의 신이며 갖가지 모습으로 둔갑할 수 있었다)처럼 자유자재로 변신했다. 밝고 쾌활한 사람들의 모임에서는 그 누구보다도 밝고 쾌활하게 처신했고 위엄 있는 사람들의 모임에서는 누구보다도 위엄 있게 행동했다.

나는 사람들이 내게 베푸는 아주 작은 호의나 우정어린 도움도 결코 그냥 넘어가지 않았다. 나중에라도 일일이 신경 쓰고 감사의 인사를 전하는 것을 잊지 않았다. 그런 사소한 일들이 상대를 크게 만족시키고 더욱 친해지는 계기를 만들었다. 그런 식으로 나는 아주 짧은 시간에 그 지역의 다양한 사람들과 아주 친밀한 사이가 되었다.

어느 철학자는 허영심을 "인간이 지닌 야비한 마음"이라고 말했지만 나는 그렇게 생각하지 않는다. 내 안에 허영심이 있기 때문에 지금의 내가 만들어진 것이다. 나는 그렇게 생각한다.

젊은이라면 어느 정도의 허영심을 가져도 좋다. 허영심만큼 인간을 빨리 발전시키는 것은 없으므로.

인정받거나 칭찬받고 싶은 마음이 전혀 없다면
사람은 매사에 무관심하고 의욕을 상실하게 될 것이다.

30
시종일관
냉정과 끈기를 유지해라

외국에서 특히 환대받는 사람들이 있다. 사람들은 보통 외지에서 온 사람들 가운데 예의바르고 마음이 따뜻한 사람에게는 친절하게 대한다. 사람들은 일반적으로 낯선 이방인이 자기 나라에 대해 좀 더 이해하기를 원하며, 자기들의 고유한 행동양식에 대해 호감을 품게 되기를 바란다.

따라서 너는 그들의 친절에 대해 호응할 수 있어야 한다. 굳이 호감의 표시를 입 밖으로 드러낼 필요는 없다. 말로 호감을 표하는 것도 나쁘지는 않지만 행동으로 마음을 전달하는 것이 훨씬 더 좋은 방법이다.

또 환대를 받고자 한다면 그 나라의 언어를 완벽하게 구사하려고 노력해라. 그러면 그 사회에도 쉽게 동화될 수 있고 훨씬 더 알찬 시간을 보낼 수 있다. 그러면 외국에 있으면서 더 바랄 것이 무엇이 있겠느냐.

유감스럽게도 외국으로 유학을 간 대부분의 영국인들은 그 나라 말을 제대로 구사하지 못한다. 사람들과 교제하는 방법도 모르는 데다 표현도 제대로 못하기 때문에 당연히 그 사회에 대해서도 이해하지 못한다.

그렇게 이방인으로 겉돌다보면 스스로 주눅 들어 자신감을 상실한다. 겁 많고 자신감이 없는 사람은 남자든 여자든 수준 이하의 상대와 친해지게 되어 있다.

무슨 일이든 스스로 할 수 없다고 생각하면 정말로 할 수 없게 된다. 반면에 자신감을 갖고 한 번 해보자고 결심하면 안 되는 일이 없다.

우리는 능력이 출중한 것도 아니고 인격이 훌륭하지도 못한 사람이 쾌활하고 적극적인 성격으로 끈기 있게 매달려 성공하는 모습을 자주 목격하게 된다. 그런 사람은 어떤 고난에 부딪혀도 좌절하지 않는 사람이다. 몇 번이고 넘어지고 거부당해도 다시 일어나 돌진한다. 초지일관하여 마침내 뜻을 이루고 마는 것이다. 그런 적극성과 끈기는 훌륭하다고 말할 수밖에 없다.

너도 그런 점을 본받아야 한다. 인격과 교양을 갖춘 사람이 그러한 적극성과 끈기를 갖춘다면 금상첨화로 훨씬 빠르고 확실하게 목표에 도달할 수 있지 않겠느냐? 스스로 자질이 있다고 믿는다면 낙천적으로 생각해라. 넘어져도 다시 일어설 수 있다.

능력은 사회생활을 잘하기 위한 첫 번째 조건이다. 하지만 능력만으로는 부족하다. 무언가 해내고 말겠다는 신념과 의지가 있어야 한다. 그러면 결코 두려울 일이 없다.

불가능한 일에 무리하게 도전할 필요는 없다. 하지만 가능성이 조금이라도 있다면 모든 방법을 동원하여 도전해볼 가치가 있는 것이다. 한 가지가 실패하면 다른 방법으로 다시 도전해 보아라. 도전하면 반드시 길이 열리는 법이다.

역사에서는 강한 신념과 의지로 목표를 성취한 사람들을 많이 찾아볼 수 있다. 예컨대, 피레네조약을 성공시킨 에스파냐의 재상 돈 루이 드 알로가 그런 사람이었다. 그는 프랑스의 정치가 마자랭과 여러 차례 교섭하면서 특유의 냉정함과 끈기를 잃지 않았다. 그 결과 중요한 논점에서 단 한 발도 양보하지 않고 조약의 합의에 도달할 수 있었다.

상대인 마자랭은 쾌활하고 성격이 급한 인물이었다. 반면에 돈 루이는 침착하고 끈기를 가진 인물이었다.

교섭테이블에서 마자랭의 최대 관심사는 파리에 있는 숙적 콩데 공이 다시 반란을 일으키지 못하도록 하는 일이었다. 그 때문에 그는 조약을 서둘러 체결하고서 파리로 돌아갈 생각뿐이었다. 계속 파리를 비워둔다면 무슨 일이 벌어질지 알 수 없었기 때문이다.

　　돈 루이는 이점을 잘 이용하여 콩데 공을 화제로 삼았다. 그로 인해 마자랭은 한 때 교섭을 거부하기도 했지만 돈 루이는 시종일관 냉정을 지켰다. 그럼으로써 마자랭으로 하여금 프랑스에 불리한 조약에 서명하게 만드는 데 성공했던 것이다.

　　중요한 것은 불가능한 일과 그렇지 않은 일을 구별하는 능력이다. 단순히 어려운 일이라고 해서 불가능하다고 치부하지 마라. 신념과 의지가 있다면 아무리 어려운 일이라도 성취할 수 있다. 물론 깊은 주의력과 집중력이 선행되어야 하는 것은 당연하지만.

불가능한 일에 무리하게 도전할 필요는 없다. 하지만 가능성이 조금이라도 있다면 모든 방법을 동원하여 도전해볼 가치가 있는 것이다.

31
말할 때와
침묵할 때

　너에게는 어떤 사람과 친분을 쌓을 것인가도 중요하지만 그 사람과 어떻게 친해질 것인가 하는 것도 아주 중요하다. 지금부터 나는 내 경험에 비추어 사람과 친해지는 데 필요한 몇 가지 언행에 대해 이야기하고자 한다.
　가장 먼저 말해두고 싶은 것은 배려다. 아무리 훌륭한 사람과 깊은 우호적 관계를 맺는다 해도 스스로 상대를 기쁘게 해주고자 하는 배려의 마음이 없다면 아무 소용이 없다. 상대의 마음을 배려하는 것은 친분을 쌓는 가장 기본적인 원칙이다.
　사랑하는 사람이나 친한 친구에 대해서는 누구나 저절로 염려하는 마음이 생기고 기쁘게 해주고 싶어진다. 그런 마음이 없으면 실제로 상대를 감동시킬 수 없다. 반대로 그런 마음을 가지고 있으면 어떻게 말하고 행동해야 상대가 좋아할지를 자연스럽게 알 수 있다.

상대를 기쁘게 해주고 싶어 하는 마음은 누구나가 가지고 있다. 하지만 실제로 어떻게 해야 상대가 기뻐하는지를 알고 있는 사람은 드물다. 너는 이 사실을 반드시 숙지하기를 바란다.

그렇다고 해서 대단히 특별한 방법이 있는 것은 아니다. 내가 말해줄 수 있는 것은 단지 다른 사람으로부터 너 자신이 기쁨을 느꼈다면 너도 다른 사람에게 그것과 똑같이 해주라는 것이다. 다른 사람이 어떤 일을 해주었을 때 기쁨을 느꼈는지를 잘 생각해보고 기억해두어라. 그리고 너도 똑같이 행동해라. 그러면 상대방도 분명히 기뻐할 것이다.

그럼 실제로 상대를 기쁘게 하는 교제를 하기 위해서는 어떤 점에 유의해야 할까? 우선 말할 때와 들을 때를 잘 구분해야 한다. 대화를 나눌 때 말을 잘하는 것은 좋다. 하지만 혼자서 계속 떠든다는 느낌을 주는 것은 좋지 않다. 어쩔 수 없이 말을 많이 해야 할 때라도 듣는 사람이 지루하지 않도록 주의를 환기해야 한다. 가능한 상대가 즐겁게 경청할 수 있도록 해야 하는 것이다.

혼자 떠드는 시간은 최소한으로 줄여라. 대화란 독점하는 것이 아니다. 상대가 자기 몫의 이야기를 하도록 유도하는 것도 대화의 한 기술이다. 말수가 적은 사람이나 혹은 우연히 옆에 앉은 사람을 붙잡고서 혼자 계속 말을 이어가는 사람들이 있는데, 내가 보기에 그런 행동은 매너가 없는 것이다. 대화는 공동으로 만들어내는 것임을 명심해라.

네가 그런 매너 없는 사람에게 붙잡혔다면 어떻게 하겠느냐? 어쩔 수 없이 이야기를 들어주어야만 하는 상대라면 참는 것이 좋다. 적어도 겉으로는 그의 이야기에게 관심이 있는 것처럼 가만히 견뎌야 한다. 절대 듣기를 거절하는 표현을 해서는 안 된다. 지금 그에게는 자기 이야기에 귀를 기울여주는 상대가 있다는 것보다 더 기쁜 일은 없기 때문이다. 그렇기에 도중에 듣기 싫다는 표현을 하는 것만큼 그에게 모욕적인 일도 없을 것이기 때문이다.

여러 사람과 대화를 할 때는 가능하면 그 자리에 있는 모든 사람들의 관심을 유발할 수 있고 유익하게 여겨지는 것으로 이야기의 주제를 삼는 것이 좋다. 역사나 문학, 여행에 관한 이야기는 날씨나 패션 혹은 가십보다 훨씬 유익할 것이다.

가볍고 익살스러운 이야기가 필요할 때도 있을 것이다. 내용이 좀 가벼워도 적절하게 유머를 구사한다면 다양한 사람들이 모였을 때 주의를 환기시키기에 좋은 방법이다.

어떤 중대한 사건을 놓고 협상을 하는 도중에도 유머를 섞는 것은 좋은 방법이 될 수 있다. 가령 더 이상 이야기가 진척된다면 분위기가 너무 험악해질 염려가 있을 때가 바로 그럴 때다. 가볍고 재미있는 이야기를 던지면 그 무거웠던 분위기를 단번에 씻어낼 수 있다.

억지로 이야기를 끊는 것은 문제가 되지만, 긴장된 분위기를 풀기 위해서 잠시 화제를 돌리는 것은 전혀 흠이 되지 않는다. 가령 무거운 이야기를 나누다가 슬쩍 음식이나 술의 향기에 대해 언급한다면 상대는 너의 말솜씨가 매우 세련되었다는 느낌을 가질 것이다.

상대가 누구냐에 따라 화제를 정해야 한다는 것은 새삼 강조할 필요가 없겠지. 정치가에게는 정치가에게 어울리는 화제가 있고 철학자에게는 철학자에게 어울리는 화제가 있다. 물론 여성에게는 여성에게 어울리는 화제가 있다. 굳이 설명할 필요도 없지만, 언제 어디서나 항상 똑같은 화제를 제시하는 사람만큼 어리석은 사람도 없다.

경험이 풍부한 사람은 상대에 따라 카멜레온처럼 자유자재로 화제를 바꾼다. 이것은 결코 사악하거나 야비한 것이 아니다. 그보다는 오히려 사람들과 교제하는 과정에서 빼놓을 수 없는 윤활유와 같은 것이라고 생각해라.

또한 주의해야 할 것은 자기가 꼭 대화를 이끌어야 한다고 생각할 필요가 없다는 점이다. 너에게 화제꺼리가 없으면 억지로 대화를 이끌기보다는 다른 사람의 이야기에 맞장구를 치며 듣는 쪽이 더 좋다. 주위의 분위기를 잘 간파하여 때로는 진지하게, 때로는 쾌활하게, 때로는 농담으로 한마디를 던지는 것으로 대화에 참여하면 된다.

자기의 장점을 억지로 드러내려고도 하지 마라. 이는 사람들 속에서 반드시 지켜야 할 매너와도 같다. 억지로 드러내려고 하지 않아도 너에게 장점이 있다면 대화 속에서 자연스럽게 분출될 것이다.

논쟁의 자리가 아니라면 될 수 있는 한 의견대립이 발생할 수 있는 화제는 피하는 것이 좋다. 친분을 나누는 과정에서 불필요한 화제를 끄집어내어 분위기가 험악해지도록 만들어서는 안 된다. 그럴 때는 번득이는 기지를 발휘하여 이야기를 빨리 종결짓는 편이 현명한 방법이다.

그리고 어떠한 일이 있어도 절대로 해서는 안 되는 이야기가 있다. 그것은 너 자신의 이야기에 관한 것이다. 아무리 인격이 뛰어난 사람도 자기 이야기를 꺼내게 되면 자연히 허영심이나 자존심이 드러나며 사람들에게 불쾌감을 주게 된다.

경험적으로 보면, 자기 자신에 관해 이야기하는 방식에도 여러 종류가 있다. 먼저 대화의 흐름에 개의치 않고 갑자기 자기 이야기를 꺼내고 자기 자랑을 늘어놓는 사람이 있다. 이는 누가 봐도 매우 몰지각한 행동이다.

또 어떤 사람은 매우 교묘하게 자기 이야기를 꺼낸다. 마치 자기가 지금 부당한 대우를 받고 있기라도 한듯 변명처럼 자기 장점을 늘어놓고 자기 입장을 정당화시킨다.

좀 더 유치한 방식은 자기 비하로 타인의 시선을 끌려고 하는 사람들이다. 이는 아주 어리석은 행동이다. 그런 사람은 자기가 매우 약한 사람이라고 고백하고 자기가 겪은 불행을 한탄하며 사람들의 동정심을 유발하고자 한다.

하지만 주변 사람들이 느끼는 것은 동정심이 아니다. 주변 사람들은 오히려 난처하고 당혹스러울 뿐이다. 왜냐하면 그들이 어떻게 해줄 수 있는 일이 아니기 때문이다.

자기 푸념을 늘어놓는 사람들은 스스로가 사회에서 성공하기 힘든 사람이라는 것을 알고 있다. 그들은 그냥 바보처럼 넋두리만 늘어놓을 뿐 자기의 결점을 고칠 생각은 하지 않는다. 자기 처지를 벗어나기 위해 온몸으로 몸부림치고 저항하는 것이 아니라 말로만 비관하는 것이다.

어떤 사람들은 약간의 비판의 말도 견디지 못한다. 비판을 받아서 기분이 좋을 사람이 누가 있겠냐마는, 성인이라면 진심 어린 비판은 받아들일 줄 알아야 한다. 아직 어른이 되지 못한 사람만이 비판을 받으면 자기 혐의를 벗기 위해 온갖 이야기로 변명을 늘어놓는다.

자기 방어를 하다보면 평소에 잘 안하는 말까지도 하게 된다. 물론 충분히 이해할 수 있다. 누구에게나 정의라는 것은 있으니까.

그러나 이는 얼마나 얕은 생각인가. 자기변명을 위해 아무 데서나 옷을 벗어던지는 행위라니! 이는 얼마나 조심성 없고 자존심을 구기는 행위인가.

이상의 사람들은 그래도 나은 편이다. 어떤 사람은 정말 아무것도 아닌 것을 내세워서 노골적으로 자기 자랑을 늘어놓는다. 오직 부러움의 대상이 되고자 하는 단 한 가지 생각만으로 자기 자랑을 늘어놓는 사람을 너도 본 적이 있을 것이다. 물론 그들의 자기 자랑이 진실이라고 하더라도(그런 일은 좀처럼 찾기 힘들겠지만) 그로 인해 그들이 존경받는 일은 거의 없을 것이다.

예를 들어 자기는 저 유명한 아무개의 자손이라든가 친척이라든가 혹은 지인이라고 하는 식으로 자기와 별 상관도 없는 일을 자랑스럽게 이야기하는 사람들이 있다. "저의 할아버지는 아무개이고 친척에는 아무개가 있고 누구누구와 친구입니다."

등등.

이렇게 말하는 사람들은 아마 그들을 제대로 만난 적도 없는 사람들일 것이다. 그리고 만일 그것이 사실이라고 해도 그게 뭐 어쨌다는 것인가. 그렇다고 해서 그 자신이 조금이라도 더 훌륭해지는 것은 아니지 않느냐.

또 어떤 사람은 혼자 술을 몇 병을 비웠다느니 하고 자랑스럽게 말한다. 도대체 그것이 뭐가 자랑스럽다는 것인가.

이처럼 우리 인간은 허영심으로 인해 어리석어지고 과장된 이야기를 꾸며댄다. 그러나 그런 이야기는 오히려 자신에 대한 사람들의 신뢰를 깎아내리게 한다. 대화의 본질과는 전혀 상관없이 자기 자랑을 늘어놓는 것은 스스로 어리석은 자임을 폭로하는 것에 다름 아니다.

너도 스스로 바보 같이 행동하지 않기 위해서는 쓸데없이 자기 이야기를 꺼내거나 하지 않아야 한다. 네 경력에 관해 꼭 이야기를 해야만 하는 경우라면, 직접적이든 간접적이든 자기 자랑이라고 오해를 살만한 내용은 일체 삼가는 것이 좋다.

선악에 관계없이 인격은 언젠가는 사람들에게 알려지게 마련이다. 일부러 말을 하지 않아도 다 알게 된다. 자기 입을 통해서 자기 인격을 이야기한다면, 오히려 사람들에게 잘난 척한다는 선입견만 심어줄 뿐이다. 그러면 스스로에게 좋을 것이 하나도 없다.

　또한 자기 결점을 스스로 말하는 것이 사람들에게 좋은 인상을 줄 것이라고 생각하는 경우도 있는데, 이것도 커다란 착각이다. 그런 식의 자기 폭로는 결점을 오히려 더 두드러지게 하여 사람들로 하여금 자신의 장점을 보지 못하도록 만드는 결과를 초래한다.

　차라리 그냥 침묵을 지킨다면 정당하게 평가 받지 못하는 일은 없을 것이다. 조용히 있는 사람에게서 애써 결점을 찾으려는 사람은 없으므로 최소한 점잖은 사람이라고는 인정하지 않겠느냐?

　그러니 너도 네 스스로 자기 결점을 말하여 주위 사람들에게 불필요한 비방이나 비웃음을 살 필요는 없다.

 자기의 장점을 억지로 드러내려고 하지 마라. 억지로 드러내려고 하지 않아도 너에게 장점이 있다면 대화 속에서 자연스럽게 분출될 것이다.

32
대화를 나눌 때의 몸가짐

　대화를 할 때는 말의 내용도 중요하지만 겉으로 드러나는 인상도 무시할 수 없다. 도대체 무슨 생각을 하고 있는지 알 수 없는 사람이나 얼굴이 아주 어두워 보이는 사람이 있는데, 그런 모습은 좋지 않다.
　표정이 좋지 않으면 쉽게 오해를 살 수도 있다. 솔직히 찌푸린 얼굴에다 대고 자기의 속마음을 털어놓을 사람이 누가 있겠느냐.
　좋지 않은 일이 있다는 식의 핑계 따위는 대려고 하지 마라. 영리한 사람은 속으로는 심각하더라도 겉으로는 드러내지 않기 때문에 어떤 사람과도 쉽게 융합하고 어울리는 사람이다. 본심은 굳게 지키지만 외적으로는 매우 개방적인 것처럼 보임으로써 상대로 하여금 경계심을 풀게 만드는 것이다.

왜 굳이 본심을 알지 못하게 조심해야 할까? 네가 부주의하게 아무 말이나 함부로 하게 되면, 그 말들이 어젠가 다시 인용되어 자기들 편리한 대로 이용될 여지가 있기 때문이다. 그러므로 매사의 언행에 붙임성이 있으면서도 본심을 드러내지 않는 신중함이 요구되는 것이다.

대화를 나눌 때는 항상 상대의 눈을 바라보아라. 그렇지 않으면 상대로부터 뭔가 숨기는 것이 있지 않나 하는 오해를 받기 쉽다. 열심히 이야기하고 있는 사람의 눈을 바라보지 않는 것은 기본적 예의에도 어긋난다.

천장을 올려다보거나 창문 밖을 내다보거나 탁자에 놓인 물건을 만지작거리는 것도 삼가해라. 그런 사소한 행동들이 상대방을 존중하지 않는다는 표현으로 비쳐질 수 있기 때문이다. 상대가 자존심이 강한 사람이라면 그런 행동을 보고 화를 낼 것이다. 굳이 자존심이 아니더라도 그런 행동을 보고 기분이 좋을 사람은 아무도 없다.

상대와 이야기를 할 때 눈을 바라보라는 것은 단지 나쁜 인상을 주지 않기 위해서만이 아니다. 눈을 바라보면 대화를 하고 있는 상대의 반응을 관찰할 수 있다. 상대의 마음을 읽으려면 귀보다도 눈에 의지해야 한다. 왜냐하면 말을 통해서 상대의 진실성을 판단하기는 어렵지만 눈을 바라보면 어느 정도 알 수 있기 때문이다. 따라서 눈을 보지 않는 것은 상대의 마음을 읽는 기회를 스스로 포기하는 것이다.

대화를 나눌 때 반드시 지켜야 할 것 가운데 하나는 다른 사람의 추문에 귀를 기울이거나 입에 담지 말라는 것이다. 그런 화제는 당장은 즐거울지 모르지만 장기적으로는 아무런 득이 되지 않는다. 다른 사람을 헐뜯는 사람은 결국 그 자신이 똑같이 비난받게 되는 법이니까.

너무 큰소리로 웃는 것도 삼가해라. 지나친 웃음은 사소한 일에서 즐거움을 찾는 우매한 자들이나 하는 행동이다. 기지가 뛰어나고 분별 있는 사람은 대화를 하면서 결코 바보같이 웃거나 상대를 바보처럼 웃게 만들지도 않는다. 대화 도중에 웃어야 할 때는 부드러운 미소를 짓도록 해라.

특히 누군가의 불행을 보고 천박하게 웃는 행동 같은 것은 절대로 하지 말거라. 어떠한 경우에든 불행한 사람을 앞에 두고 껄껄대며 웃는 것은 정말로 어리석은 짓이다.

예를 들어 의자에 걸터앉으려다 그만 넘어져서 엉덩방아를 찧은 사람을 생각해보아라. 주위 사람들이 일제히 웃음을 터뜨린다면 얼마나 저속하게 보이겠느냐?

타인의 불행을 기뻐하는 것은 천박하고 속 좁은 즐거움이다. 못된 장난이나 우발적 사건을 보고 폭소를 터뜨리지 마라. 그런 일에 큰소리로 웃는 것은 귀에도 거슬리고 보기에도 흉하다.

경솔한 웃음은 약간만 노력하면 참을 수 있다. 사람들이 경솔하게 웃는 까닭은 웃음 자체를 쾌활하고 즐거운 것이라고 생각하는 고정관념을 갖고 있기 때문이다. 하지만 모든 웃음이 즐거운 것은 아니다. 사람이 진정으로 즐거울 때는 마음이 풍요로워지고 표정이 밝아지는 웃음을 웃는다.

또 한 가지 나쁜 습관 가운데 하나는 말을 하면서 무턱대고 실실 웃는 것이다. 내가 알고 있는 사람 가운데 와라 씨가 그런 웃음을 웃는다. 그는 인격적으로 매우 훌륭한 사람이지만 웃지 않으면 이야기를 할 수 없는 나쁜 버릇을 가지고 있다. 그래서 그에 대해 잘 모르는 사람이 보면 처음에는 정신이 이상한 사람이라고 생각하기 쉽다. 나쁜 습관으로 인해 그런 소리를 듣는다면 얼마나 불행한 일이겠니?

그밖에도 좋지 않은 인상을 풍기는 나쁜 버릇들이 많이 있다. 지루할 때 시간을 보내기 위해 이상한 흉내를 내거나 무의식중에 한 번 해본 동작이 그대로 몸에 배어 습관이 되는 경우도 있다. 손으로 코를 만진다거나 머리를 긁적이거나 쓸데없이 물건을 만지작거리는 것들이 자기도 모르는 사이에 버릇이 되어 버리는 것이다.
  그런 버릇을 가진 사람은 어딘지 모르게 어색하고 침착성이 없어 보인다. 의외로 주위에는 그런 사람이 아주 많다. 물론 그런 버릇이 나쁜 짓이라고는 말할 수 없다. 하지만 보기 싫은 행동이라면, 자기 자신을 위해서나 상대를 위해서나 되도록 하지 않는 편이 더 좋지 않겠느냐?

상대의 마음을 읽으려면 귀보다도 눈에 의지해야 한다. 눈을 보지 않는 것은 상대의 마음을 읽는 기회를 스스로 포기하는 것이다.

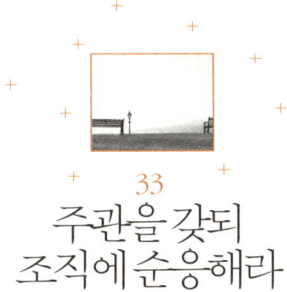

33
주관을 갖되
조직에 순응해라

어떤 유머나 농담은 특정한 집단 내에서만 통용될 때가 많다. 이런 유머나 농담은 그 집단의 특수한 상황에서 생겨나기 때문에 다른 데에서 적용하려고 할 때는 무리가 따른다.

이처럼 어떤 집단에는 그 집단만의 특수한 배경이 있다. 그로부터 독특한 표현법이나 말투가 생기고 나아가 유머나 농담도 만들어진다. 그것을 토양이 전혀 다른 집단에서 써먹으려고 하면 무미건조하고 재미가 없어지는 것이 당연하다.

사람들과 이야기할 때 재미없는 농담만큼 비참한 것은 없다. 잔뜩 기대하고 있던 사람들은 흥이 깨지고 심한 경우에는 무엇이 재미있다는 것인지 설명해달라는 요청까지 듣게 된다. 그럴 때의 비참한 기분은 굳이 말하지 않아도 알 것이다.

농담만이 아니다. 어떤 모임에서 들은 이야기를 다른 모임에서 함부로 옮겨서는 안 된다. 자기에게는 하찮은 일이라고 생각될지 모르지만 그 말이 돌고 돌아서 결국에는 중대한 사태를 초래할 수도 있다.

어떤 자리에서 나눈 대화를 제3자에게 함부로 옮기는 것도 예의에 어긋나는 일이다. 그런 것은 법으로 규정되어 있는 것은 아니지만 상호간에 합의한 무언의 약속을 지키지 않는 것과 같다. 그렇기에 여기저기 말을 함부로 옮기는 사람은 어디서든 입이 싼 인간으로 취급당하게 되는 것이다.

어떤 집단이든 내부에 이른바 '호인'이라고 여겨지는 사람이 있다. 사람이 좋다고 평가받는 사람이다. 하지만 그런 사람을 잘 관찰해보면 사실 아무 쓸모도 없고 매력적이지도 않으며 의지도 약한 경우가 많다.

호인이라 불리는 사람들은 동료의 말을 무엇이든 쉽게 받아들이고 양보하는 것이 생활화되어 있다. 어떤 일에 대해서도 그것이 아무리 잘못된 일이라고 생각해도 다수가 동의했다는 이유만으로 아주 간단하게 영합해 버린다.

너는 그가 왜 그런 바보스러운 짓을 하는지 아느냐? 그것은 자기 주관을 전혀 갖고 있지 않기 때문이다.

그러므로 너는 사람 좋다는 소리를 듣고 절대 좋아하지 마라. 그것은 주관이 없다는 소리니까. 그보다는 호인이라는 소리를 듣지 못하더라도 너 자신의 정당한 의견을 내세울 수 있는 사람이 되거라. 자기 의지와 생각을 갖고 쉽게 굽히지 않는 사람이 되라는 말이다.

하지만 자기 의견을 내세울 때는 항상 예의바르고 가능한 품위 있게 해야 하고 때로는 유머러스하게 표현해야 한다. 위압적인 자세로 말하거나 비난하듯 말하는 것은 좋지 않다. 이른바 '호인'이라는 아첨의 말을 듣고자 하는 것이 아니더라도 사람들에게 붙임성 있게 행동하는 것은 필요한 일이다.

예를 들어 상대방의 대수롭지 않은 결점이 보이거든 과감하게 눈감아주어라. 눈에 거슬리는 말투나 행동이라도 너그럽게 보아주는 것이다. 또한 일정한 한도 내에서는 공치사도 필요하다. 그것도 일종의 친절이다. 공치사를 듣는 사람이 기분 나빠하는 경우는 거의 없다. 오히려 적절히 치켜세우는 말이 상대의 발전을 가져오는 경우가 더 많다.

어떤 집단에나 그 집단의 특유한 말투나 패션, 취미나 교양 등을 좌우하는 중심인물이 있기 마련이다. 그 인물이 만약 여성이라면 미모와 기지, 패션 등 다양한 측면에 특출할 것이다. 모든 사람의 시선이 이런 인물에게 집중되는 것은 자연스러운 일이다. 일종의 카리스마가 있는 사람이라고도 할 수 있다.

근본적으로 한 집단을 이끌어가는 그런 중심인물에게 역행한다면 어떻게 되겠느냐? 결과적으로 그 집단으로부터 고립되거나 추방당할 것이 분명하다. 중심인물에 반하는 기지와 예절, 취미와 패션 등은 즉시 거절당하기 마련이다.

그러므로 어떤 집단에서 어울리고자 한다면 중심인물에 대해서는 아무 생각 없이 따르는 것이 좋다. 그러면 너는 그 집단 내에서뿐만 아니라 이웃 영토에까지 자유롭게 출입할 수 있는 통행증을 손에 쥘 수 있을 것이다.

자기 의견을 내세울 때는 항상 예의바르고 가능한 품위 있게 해야 하고 때로는 유머러스하게 표현해야 한다. 위압적인 자세로 말하거나 비난하듯 말하는 것은 좋지 않다.

34
사소한 배려와 칭찬이 감동을 준다

 배려는 네가 하는 만큼 똑같이 돌려받는다는 것을 명심해라. 상대를 화나게 하기보다 즐겁게 하고자 한다면, 상대에게 핀잔을 듣기보다 칭찬을 받고자 한다면, 상대의 미움을 사기보다 사랑을 받고자 한다면, 언제나 상대를 배려하는 마음을 잊지 말아야 한다.
 사실 배려하는 마음은 아주 조금만 있어도 크게 드러날 수 있다. 가령 인간에게는 제각기 자기 나름의 버릇이나 취미, 혹은 좋고 싫음 등의 감정이 있을 것이다. 그것들을 세밀히 관찰해서 상대가 좋아하는 것은 눈앞에 내놓고 싫어하는 것은 감추면 되는 것이다.

예를 들어 너는 "오늘은 당신이 좋아하는 술을 준비했습니다." 하고 말하는 것만으로 족하다. 또는 "그 분을 별로 달가워하지 않는 것 같아서 오늘은 초대하지 않았습니다." 하는 행동도 좋다. 그런 작은 배려가 상대의 마음을 열게 하고 감격하게 만드는 것이다.

반대로 뻔히 알면서도 부주의하게 상대가 싫어하는 것을 내놓는다면 그 결과는 명백하지 않겠느냐? 상대는 바보 취급을 당했다고 생각하거나 푸대접을 받았다고 여길 것이다. 그리고 그 서운함을 늘 마음속에 품고 있을 것이다.

아주 사소한 것이라도 좋다. 사소한 일이면 사소한 일일수록 상대는 더 특별하게 느끼는 법이다. 그래서 큰 배려를 받았을 때보다 오히려 더 크게 감격한다는 사실을 기억해라.

너 자신도 아주 사소한 배려가 얼마나 큰 기쁨을 주었는지를 기억하고 있을 것이다. 단지 사소한 배려 몇 번 받은 것으로 인해 상대는 너에게 호감을 갖게 되고 네가 하는 모든 행동을 호의로 받아들이지 않더냐?

인간이라면 누구나 조금씩은 허영심을 지니고 있다. 그 허영심이 상대의 배려로 인해 만족감을 느끼게 되었을 때는 누구나 기뻐하기 마련이다. 인간이란 바로 그런 것이다.

그뿐 아니다. 네가 특정한 누군가의 마음에 들고 싶고 특정한 누군가와 친하게 지내고 싶다면, 그 사람의 장단점을 찾아서 칭찬받고 싶어 하는 부분을 꼬집어서 칭찬하는 방법도 있다.

인간에게는 실제로 우수한 부분이 있고 스스로 우수하다고 인정받고 싶어 하는 부분이 있다. 누구나 자신의 우수한 부분이 칭찬받을 때 마음이 행복해지는 것은 당연한 일이다. 하지만 그보다 더 기쁜 일은 스스로 우수하다고 인정받고 싶은 부분에 대한 칭찬을 듣는 것이다. 사람에게 이보다 더 자존심을 채워주는 것도 없다.

어떤 사람이든 상대방으로부터 칭찬받고 싶어 하는 부분이 있다. 그것을 찾으려면 상대에게 항상 주의를 기울여 그가 주로 화제로 삼는 것이 무엇인지 관찰하면 된다. 대부분의 사람들은 스스로 칭찬받고 싶은 것, 자신이 우수하다고 여기고 있는 것을 주로 화제로 삼는 경향이 있다. 그곳을 잘 공략하면 너는 틀림없이 상대를 감격하게 만들 수 있다.

오해가 없기를 바란다. 내가 말하고자 하는 것은 야비하게 아부로써 사람의 마음을 움직이라는 것이 아니다. 아무리 친해지고 싶은 사람이라도 그 사람의 결점이나 악행까지 칭찬할 필요는 없으며 칭찬해서도 안 된다. 오히려 나는 그런 점이 있다면 상대에게 좋지 않다고 당당하게 지적해야 한다고 생각한다.

그러나 반드시 유념해야 할 것이 있다. 인간은 누구나 결점을 가지고 있고, 천박하고 실속 없는 허영심에 대해 눈을 감아주지 않는다면 결코 이 세상을 살아갈 수 없을 것이라는 점이다.

실제의 모습보다 더 현명한 사람으로 인정받고 싶어 하는 마음이나 실제보다 더 아름답게 보이고 싶어 하는 마음이 다른 사람에게 해를 끼치는 것은 아니지 않느냐. 그런 마음이야말로 오히려 더 천진난만하지 않느냐 말이다.

칭찬 받고 싶은 사람에게 그것이 잘못된 생각이라고 지적해봐야 아무런 소용도 없다. 괜히 쓸데없는 말로 상대를 불쾌하게 만드는 것보다는 차라리 약간의 공치사로 상대의 마음을 즐겁게 하여 친구가 되는 편이 낫다.

상대방에게서 네가 공감할 수 있는 장점을 발견했을 때는 누구나 기분 좋게 칭찬을 할 수 있을 것이다. 그러나 상대가 너로서는 딱히 찬성할 만한 부분이 없다고 생각함에도 불구하고 이 사회로부터 인정을 받고 있다면, 너는 그냥 모르는 체하고 있는 편이 낫다는 것이다.

내가 볼 때, 너에게는 다른 사람을 칭찬하는 재주가 약간은 부족한 것 같다. 그것은 인간이 얼마나 자기 생각이나 취향에 대해 지지를 받고 싶어 하는지 네가 아직 잘 모르기 때문인 것 같구나.

더 나아가 자기의 잘못된 생각이나 결점까지도 너그럽게 보아주기를 바라는 사람들도 많다. 사람들은 자기의 생각뿐만 아니라 습관, 패션 같은 아주 사소한 것에서도 흠이 잡히면 불쾌하게 여긴다. 반대로 그런 사소한 것에서 인정을 받게 되면 매우 기쁘게 생각하는 것이다.

사람에게는 제각기 특유의 사고방식이나 행동 양식, 성격과 외관이 있다. 그런 것들에 관해서는 입 밖에 내어 이러쿵저러쿵 말하지 않는 것이 적어도 일종의 불문율처럼 되어 있다. 그러므로 조금쯤 사실과 다르더라도 그것이 특별히 나쁜 일이 아니고 너 자신의 위신에 상처를 주는 일이 아니라면 그냥 받아들여 주는 것도 좋지 않겠느냐?

조금 전략적이기는 하지만, 상대방을 가장 기쁘게 하는 칭찬의 방법은 그 사람이 없는 곳에서 칭찬하는 것이다. 그렇다고 그 사람의 귀에 그것이 전달되지 않는다면 아무 의미가 없다. 네가 한 칭찬은 상대에게 확실히 전해져야 하는 것이다.

따라서 중요한 것은 칭찬의 말을 정확하게 전해줄 사람을 선정하는 일이다. 이는 쉬운 일인데, 그 말을 전함으로써 이득을 볼 사람을 찾으면 된다. 그런 사람이라면 말을 확실하게 전해줄 뿐만 아니라 좀 더 포장해서 전해줄지도 모른다. 다른 사람에게 듣는 찬사 중에서 이보다 더 기쁘고 효과적인 것은 없다고 해도 지나친 과언은 아니다.

이제껏 말해온 것들은 앞으로 사회생활을 하게 될 때, 기분 좋은 교제를 하기 위해 네게 꼭 필요한 것들이라고 생각하면 된다. 나도 네 나이 때에 이런 것들을 알고 있었다면 얼마나 좋았을까?

내가 사회생활에서 필요한 것들을 깨닫는 데는 무려 35년이라는 시간이 걸렸다. 하지만 이제 네가 나와서 그 열매를 거두어준다면 후회는 없을 것이다.

사람들은 자기의 생각뿐만 아니라 습관, 패션 같은 아주 사소한 것에서도 흠이 잡히면 불쾌하게 여긴다. 반대로 그런 사소한 것에서 인정을 받게 되면 매우 기쁘게 생각하는 것이다.

35
적을 적게 두고 친구를 많이 두면 강해진다

이 세상에는 적이 없는 인간이 없고, 모든 사람에게 사랑만 받는 사람도 존재하지 않는다. 그렇다고 내가 사랑받으려는 노력을 하지 않아도 된다고 말하려는 것은 아니다.

나의 오랜 경험으로 볼 때, 이 세상에서 가장 강한 사람은 친구가 더 많고 적이 더 적은 사람이다. 그런 사람은 좀처럼 원한을 산다거나 질투를 받는다거나 하는 일이 없기 때문에 누구보다도 순탄하게 성장하고 출세한다. 만약 그런 사람이 몰락을 한다고 하더라도 그는 사람들의 동정을 받으면서 우아하게 몰락할 것이다. 이런 관점에서 보면, 친구를 많이 만들고 적을 적게 만드는 일은 네가 항상 마음에 새겨두고 노력할만한 가치가 있는 목표가 될 수 있지 않겠느냐?

아일랜드의 정치가 오몬드 공작의 이야기를 들어본 일이 있느냐? 그는 비록 머리가 좋지는 않았지만 예의범절에 관해서는 누구보다도 앞선 사람으로, 이 나라에서 제일가는 인품을 자랑했다. 본래부터 싹싹하고 상냥한 성격에다가 궁정생활과 군대생활을 통해 몸에 익힌 말투와 행동이 그의 무능력을 보충하기에 충분했다. 그의 인품은 매력이 있었고 자상한 배려심이 항상 스며 있기에 능력을 평가받지는 못했지만 누구에게나 사랑을 받는 사람이었다.

그 인품이 뚜렷이 나타난 것은 앤 여왕이 죽은 후 불온한 세력들이 재판을 통해 탄핵을 받게 되었을 때였다. 불온세력에 동조했다는 혐의로 오몬드 공작에게도 형식적으로나마 동일한 처벌이 내려질 필요가 있었다. 결국 그는 탄핵을 받긴 했지만 철저하게 몰락할 만큼은 아니었다.

오몬드 공작에 대한 탄핵결의안은 다른 사람들에 대한 의결보다 훨씬 적은 찬성표로 상원을 통과했다. 그리고 탄핵의 주동자이기도 했던 당시 국무대신 스탠호프는 앤 여왕의 뒤를 이은 조지 1세와 재빨리 교섭에 나섰다. 그는 다음날 공작을 왕에게 접견시킬 준비까지 하는 등 적극적으로 사건의 조정에 나섰던 것이다.

하지만 오몬드 공작을 뺀 탄핵안으로는 이 소송에 이길 수 없다고 판단한 스튜어트왕조 부활파의 로체스터 주교가 급히 이 아둔하고 가엾은 공작에게 달려가 "조지 1세와의 접견은 불명예스러운 복종을 강요당할 뿐 용서받을 수는 없다."고 장담하며 공작을 달아나게 설득했다.

그로 인해 오몬드 공작의 모든 권리를 박탈하는 안건이 가결되었을 때도 그것에 항의하는 군중들이 거리로 나와 항의하는 등 커다란 소동이 일었다. 이런 일이 가능했던 것은, 공작에게는 적이 거의 없었고 호의적인 사람들은 몇 천 명이나 있었기 때문이다.

근본적으로 오몬드 공작은 다른 사람을 기쁘게 해주고자 하는 자연스러운 마음씨를 가지고 있었고 그것을 경험으로써 실천했기에 많은 사람에게 사랑을 받았고 몰락의 순간에도 우아할 수 있었다. 인덕은 의지만 있으면 합리적이고 착실하게 행할 수 있는 것이다.

어떤 사람의 위상을 높여주는 것은 그 자신이 아니라 다른 사람들의 호의와 애정 그리고 선의이다. 네가 다른 사람의 호의와 애정 그리고 선의를 얻으려면 어떻게 해야 할까? 우선 그것을 얻으려고 노력하는 자세가 필요할 것이다. 지금까지 노력하지 않고 무언가를 얻은 사람은 아무도 없다.

내가 지금 이야기하고 있는 호의나 애정 같은 것은 친구 사이의 우정이나 연인 사이의 사랑처럼 가까운 사람들 사이에 국한되는 감정과는 다른 것이다. 그것은 우리가 다양한 사람들과 만나 관계를 맺을 때 가장 적합한 방식으로 상대를 기쁘게 해줌으로써 얻을 수 있는 보다 넓은 의미의 호의와 애정을 말하는 것이다.

한번 시작된 좋은 감정은 상대와 이해관계가 대립되지 않는 한 언제까지나 계속되는 성질을 가지고 있다. 그러므로 만약 내가 스무 살부터 인생을 다시 시작해야 한다면, 나는 지금껏 살아온 40년 이상의 경험을 토대로 많은 사람들에게 사랑받기 위해 노력하는 일에 대부분의 시간을 쏟을 것이다. 과거처럼 내게 관심을 가져주길 바라는 몇 사람의 마음을 사로잡는 데에 골몰하여 더 많은 사람들을 상관하지 않는 식의 행동들은 결코 하지 않을 것이다.

많은 사람들에게 호감을 사는 것은 가장 든든한 방패가 된다. 남자든 여자든 인간이라는 존재는 모두 인덕에 약한 법이다. 인덕을 방패로 삼고 있는 사람은 성공의 가능성도 그만큼 높다. 여자들도 인덕이 있는 남자에게는 왠지 마음이 끌리는 법이다.

인덕을 얻는 것은 그리 어려운 일이 아니다. 우아한 태도, 진지한 눈빛, 세심한 배려, 상대를 즐겁게 해줄 수 있는 말, 분위기, 패션 등과 같이 아주 사소한 것들이 쌓여서 상대의 마음을 붙잡는 것이다.

지금까지 내가 만난 사람들 가운데는 겉으로 보기에는 매우 아름다웠지만 나의 마음을 붙잡지는 못하는 여자들이 대부분이었다. 또한 분별력은 있지만 아무리 해도 마음이 끌리지 않는 인물들도 많았다.

왜 그런지는 너도 이미 알 것이다. 그렇다. 그런 사람들은 미모와 능력에 자신감이 있기 때문에 다른 사람의 마음을 사로잡는 기술을 익히지 않았던 것이다. 생각해보아라. 이는 얼마나 잘못된 생각이냐?

나는 한때 별로 아름답지 않은 여성과 사랑에 빠진 적이 있다. 그러나 그 여자는 기품이 넘치고 무엇보다 다른 사람을 기쁘게 하는 방법, 상대의 마음을 사로잡는 방법을 알고 있었다. 지금까지 내 인생을 돌이켜볼 때, 그녀와 사랑에 빠졌을 때만큼 내가 다른 누군가에게 열중했던 적은 없던 것 같다.

많은 사람들에게 호감을 사는 것은 가장 든든한 방패가 된다.
인덕을 방패로 삼고 있는 사람은 성공의 가능성도 그만큼 높다.

36
머리보다 마음을 잡아라

　건축물에 비유하자면, 지금의 너는 너라는 구조물의 골조를 거의 완성해가고 있는 단계라고 할 수 있다. 이제 남은 공정은 내부와 외부의 마감을 어떻게 아름답게 마무리 지을 것인가 하는 것이다. 그것이 너에게 남은 임무이며 또한 나의 관심사이기도 하다.

　가능한 모든 지성과 소양을 몸에 지녀야 한다. 골조가 확고하지 않다면 그것은 값싼 장식에 불과할 테지만, 골조가 튼튼하다면 그것들이 너라는 구조물을 훨씬 돋보이게 만들 것이다. 또한 아무리 튼튼한 골조라도 제대로 된 장식이 없다면 그 건축물의 매력은 반감될 수 있다.

너도 토스카나식 건축에 대해서 잘 알고 있을 것이다. 그것은 모든 건축 형식 가운데 가장 단단한 양식이면서도 가장 세련미가 떨어지고 멋없는 양식이기도 하다. 튼튼하다는 점에서는 큰 건축물의 기초나 토대로 삼는 데에 가장 적합하다고 할 수 있다. 하지만 건물 전체를 토스카나식으로 짓는다면 과연 어떻게 되겠느냐?

아마 그 건축물을 관심 있게 바라볼 사람은 아무도 없을 것이다. 건축물 앞에서 발을 멈추거나 들어가 보려고 하는 사람도 없을 것이다. 앞에서 볼 때 이미 멋이 없고 딱딱하므로 그 내부는 가히 짐작할 수 있지 않겠느냐? 일부러 안에 들어가 마무리나 장식을 볼 필요가 없다고 생각하는 것도 무리가 아닐 것이다.

그런데 토스카나식을 토대로 하면서도 도리아식이나 이오니아식 혹은 코린트식의 기둥이 세워진다면 어떻게 되겠니? 건축에는 전혀 관심이 없는 사람이라도 그 기둥의 아름다움으로 인해 자신도 모르게 시선을 빼앗기고 가던 발길을 멈추지 않겠니? 게다가 내부 장식도 몹시 궁금해져서 저절로 건물 안으로 걸어 들어갈 것이 틀림없다.

여기에 두 남자가 있다고 가정해보자. 한 사람은 학식이나 교양은 보통 정도의 수준이지만 인상이 좋고 말솜씨에서도 호감이 느껴지는 남자다. 이 남자는 품위 있게 행동하고 정중하고 붙임성이 있는 사람으로, 다시 말해 자기 자신을 좋게 보이게 하는 데에 일가견이 있는 인물이다. 그리고 또 한 명의 남자는 학식이 해박하고 판단력이 뛰어나지만, 앞서 말한 사람처럼 상대방에게서 호감을 사는 능력은 전혀 겸비하지 못했다.

그렇다면 두 사람 가운데 어느 쪽이 세상의 풍파를 헤치고 더 잘 살아갈 수 있을까? 답은 분명히 첫 번째 남자일 것이다.

우리 사회에서 그리 영리하다고 할 수 없는 일반인들―아마도 인류의 4분의 3이 그렇지 않을까―의 마음을 끄는 것은 언제나 겉으로 드러난 모습일 뿐이다. 그들에게는 예의나 몸가짐, 사람을 대하는 태도가 눈에 보이는 전부다. 그들은 그 이상의 내면은 보려고 하지도 않는다.

그런데 더 충격적인 것은 영리한 사람들도 그런 점에서는 마찬가지라는 사실이다. 영리한 사람도 눈이나 귀에 거슬리는 것이나 감동을 주지 않는 것에 대해서는 결코 관심을 갖지 않는다. 그렇기 때문에 세상에서는 장식품을 많이 걸친 사람이 장식을 거부하는 사람을 마음대로 농락할 수 있는 것이다.

인간의 마음을 사로잡기 위해서 무엇보다 중요한 점이 있다면, 가장 먼저 오감五感에 호소하라는 것이다. 그러니 사람들의 눈과 귀를 즐겁게 해줘라. 그럼으로써 그들의 이성을 사로잡고 마음을 빼앗아라.

그런 의미에서 나는 네게 철저하게 품위를 지키라는 이야기를 해주고 싶다. 똑같은 경우라도 품위를 느낄 수 있는 것과 그렇지 않은 것은 받아들이는 데 있어서 하늘과 땅 차이만큼 거리가 있다.

생각해보아라. 질문에 침착하게 대답하지도 못하고, 옷차림도 불량하며, 말도 더듬거리고, 알아들을 수 없을 정도의 작은 목소리로 우물우물하고, 주의도 부족한 사람과 대면한다면, 너는 어떤 인상을 받겠느냐?

너는 그 사람에 대해 전혀 아는 것이 없음에도 불구하고 그 사람의 내면을 들여다볼 생각조차 하지 않고 거부감부터 가질 것이다. 어쩌면 그 사람에게는 굉장히 훌륭한 장점이 있을지도 모름에도 알아보려고 노력할 생각이 들지 않을 것이다.

반대로 말과 행동에서 모두 품위가 있는 사람과 대면하게 된다면 어떻겠느냐? 너는 그 사람의 내면이 어떤지는 알 수 없지만 처음부터 마음을 빼앗기고 호의를 갖게 되지 않겠느냐?

무엇이 어떻게 사람의 마음을 끄는 것인가를 한마디의 말로 설명하는 것은 어려운 일이다. 하지만 한 가지는 말할 수 있다. 그것은 바로 말로는 표현할 수 없는 무엇인가가 있다는 것이다.

아주 사소한 말과 행동들은 그것 자체로는 당장 빛나지 않더라도 자꾸 쌓이게 되면 차츰차츰 빛을 발하게 되어 사람의 마음을 사로잡고 놓아주지 않는 힘을 발휘하는 것이 아닐까 싶다. 마치 모자이크처럼 한 조각만으로는 아름답지 않지만 조각조각들이 모여 하나의 아름다운 무늬를 만드는 것과 비슷한 이치라고 할 수 있겠다.

　단정한 옷차림, 부드러운 행동, 절도 있는 태도, 듣기 좋은 목소리, 구김살 없고 그늘 없는 표정, 상대방의 뜻을 정확하게 파악하고 대꾸하는 말솜씨 등등. 그밖에도 좋은 것들이 많이 있겠지만, 이러한 요소들이 하나하나 모여서 사람의 마음을 사로잡는단다. 적어도 나는 그렇게 생각한다.

사람들의 눈과 귀를 즐겁게 해줘라. 그럼으로써 그들의 이성을 사로잡고 마음을 빼앗아라.

37
다른 사람의
장점을 훔쳐라

　다른 사람의 마음을 사로잡는 언행을 몸에 익히는 것은 누구에게나 가능한 일일까? 나는 그렇다고 생각한다. 훌륭한 사람들과 자주 만날 수 있는 기회가 있고 자기 스스로 그럴 마음만 있다면 누구나 반드시 익힐 수 있다. 훌륭한 사람들을 주의 깊게 관찰하고 그들이 하는 그대로 쫓아하면 누구든지 할 수 있다는 것이다.
　우선 어떤 사람을 처음 만났을 때의 느낌이 왠지 좋은 사람이라고 생각되고 마음이 끌린다면, 너는 무엇이 너로 하여금 그런 호감을 느끼게 했는지 잘 파악하고 분석해보아라. 보통 여러 가지 장점이 한데 어우러져 있는 경우가 많은데, 그래도 그 하나하나를 분석해보면 몇 가지 공통점을 발견하게 될 것이다. 겸손하면서도 당당한 모습, 비굴하지 않은 태도로 경의를 표현하는 방법, 우아한 행동, 단정한 옷차림 등이 바로 그것이다.

아무튼 그런 것들을 파악하고 분석했다면 그대로 따라해 보아라. 단 네 자신이 가진 개성까지 버리면서 쫓아하지는 말아라.

모방하는 것을 창피하게 생각하지 말거라. 위대한 화가도 처음에는 다른 화가의 작품을 모방하는 것에서 시작한다. 그들이 모방하는 것처럼, 너는 미적 관점에서나 자유라는 관점에서나 원작보다 더 나은 작품이 될 수 있도록 공을 들여서 모방해야 한다.

사람들로부터 예의가 바르고 호감이 가는 인물이라는 소리를 듣는 사람을 만나면, 왜 그런 평판을 듣는지 주의 깊게 관찰해 보아라. 웃어른을 대할 때는 어떠한 태도와 말투로 대하는가, 자기와 지위가 같은 사람과는 어떻게 교제를 하고 있고 자신보다 지위가 낮은 사람에게는 또 어떻게 대하고 있는가 등을 자세히 관찰해라. 조찬 모임에서는 어떤 말을 하고 저녁 모임에서는 또 어떠한 언행을 보이는지 잘 관찰하고 그대로 따라해 보는 것이다.

그러나 덮어놓고 흉내만 내서는 안 된다. 무작정 흉내만 내다보면 어느 순간 자기 자신은 없어지고 철저하게 그 사람의 복제물만 남게 될 테니까.

철저히 너 자신의 관점에서 모방을 하고 흉내를 내기 위해 노력해라. 그렇게 노력하다 보면, 너는 그 사람이 다른 사람을 경솔하게 대하거나 무시하거나 자존심에 상처를 주는 일이 결코 없다는 것을 깨닫게 될 것이다. 그뿐 아니다. 그 사람은 상대에 따라 그에 걸맞은 경의를 표하고 배려함으로써 상대를 기쁘게 하고 마음을 사로잡는다는 것을 알 수 있을 것이다.

결국 씨를 뿌려야 열매를 얻는 법이다. 어디서나 호감을 사는 인물이라도 역시 정성들여 씨를 뿌린 결과 풍성한 열매를 수확하고 있는 것에 다름 아니다.

인간은 평상시에 자주 이야기를 나누는 상대의 분위기나 태도 및 장단점뿐만 아니라 그의 사고방식까지도 무의식중에 받아들이는 경향이 있다. 그러니 어떤 상대와 자주 만나느냐에 따라 인품도 달라질 수 있는 것이다.

내가 알고 있는 사람들 가운데도 몇몇은 그들 자신이 그리 총명하지 않음에도 불구하고 평소에 현명한 사람들과 교제를 많이 한 덕에 생각지도 못했던 멋진 기지를 발휘하는 경우가 많다.

내가 항상 말하지 않더냐? 훌륭한 사람들과 자주 교제하다 보면, 너 자신도 모르는 사이에 그들과 비슷해질 것이라고. 거기에 좀 더 집중력과 관찰력을 발휘한다면, 너는 금방 그들을 능가하는 사람이 될 수 있을 것이다.

그런데 만약 주위에 호감이 가는 사람이 하나도 없다면, 그때는 어떻게 해야 할까? 그런 경우에는 주변에 있는 누구든지 좋으니 가까이 있는 사람을 차분히 관찰하면 된다.

아무리 훌륭한 사람이라도 모든 것이 장점일 수 없듯이 아무리 하찮게 보이는 사람이라도 완전히 단점만 갖고 있지는 않다. 반드시 한두 가지 장점은 있게 마련인 것이다. 그것을 잘 관찰하고 따라하면 된다. 그리고 그들의 단점들도 잘 기억해두었다가 타산지석他山之石으로 삼으면 될 것이다.

호감이 가는 사람과 그렇지 못한 사람의 차이가 무엇이겠느냐? 그것은 똑같은 내용을 말하더라도 태도가 완전히 다르다는 것이다. 그것이 바로 호감과 비호감을 느끼게 만드는 이유이다.

사람들로부터 인기를 끌고 있는 사람이든 전혀 품위를 느낄 수 없는 사람이든 말하는 것이나 행동하는 것, 혹은 옷을 입고 먹고 마신다는 사실은 모두 똑같다. 단지 차이가 있다면 그 방법과 태도에 있다. 그러므로 사람들의 말솜씨나 걸음걸이, 먹는 태도 등에서 호감을 주는지 아니면 볼썽사나운 인상을 주는지 잘 관찰해보아라. 그러면 네가 어떻게 행동하면 좋을지 자연스럽게 알게 될 것이다.

모방하는 것을 창피해하지 말거라.
위대한 화가도 처음에는 다른 화가의 작품을 모방하는 것에서 시작한다.

38
옷차림과 표정관리

　사람의 마음을 사로잡으려면 어떻게 해야 할지에 대해서 몇 가지 적어보마. 너의 사교생활에 참고가 되기를 바란다.
　얼마 전에 너를 자주 칭찬해주는 하비 부인으로부터 편지를 받았다. 네가 어떤 모임에서 춤추는 것을 보았는데, 매우 우아하고 아름다운 몸놀림이더라는 내용이다. 그 편지를 받고서 내가 얼마나 기뻤는지 모를 것이다. 춤을 우아하게 춘다면 자리에서 일어서는 것도, 걸음걸이도, 앉는 자세도 모두 우아할 것이 틀림없을 것이기 때문이다.
　일어서고 걷고 앉는 것은 아주 단순한 동작이지만 춤을 잘

추는 것보다 훨씬 더 중요하단다. 내가 아는 사람들 가운데는 춤은 잘 추지 못해도 서고 앉는 동작이 아름다운 사람이 많다. 하지만 춤을 잘 추는 데도 서고 앉는 동작이 아름답지 않은 사람은 한 사람도 없었다.

또한 조심스럽게 일어설 수 있고 멋지게 걸을 수 있는 사람은 많이 있지만 멋지게 앉는 사람은 그리 흔치 않더구나. 사람들 앞에 앉을 때 긴장하여 어깨를 구부리고 위축되는 사람이 있는가 하면 등을 꼿꼿이 세우고 부자연스럽게 앉는 사람도 있다. 조심성 없는 사람은 앉을 때 의자에 체중을 맡기듯 털썩 주저앉는데, 이런 행동은 아주 친한 사이가 아니면 결코 좋은 인상을 주지 못한다.

좋은 인상을 주기 위해서는 우선 마음을 편하게 하고 겉으로도 편안하게 보이도록 가볍고 조심스럽게 앉아야 한다. 힘을 빼고 자연스럽게 말이다. 물론 네가 잘하리라 생각하지만, 혹시라도 그렇지 못하거든 가능한 자연스럽게 앉도록 연습을 하거라.

앉는 자세가 별 것 아니라고 생각할지도 모른다. 하지만 아주 사소하게 생각되는 동작 하나가 여성뿐만 아니라 남성들의 마음까지 사로잡는단다. 그러니 우아한 동작이 얼마나 중요한지 명심해야 한다.

직장에서든 일상생활에서든 마찬가지다. 작은 일을 우습게 여기면 막상 필요할 때 제대로 하지 못하는 법이다. 커피 한 잔을 마실 때도 이상하게 잔을 들어 커피가 출렁이거나 하는 일이 없도록 해라.

너도 이제 복장에 대해 신경을 써야 할 나이가 되었다. 복장은 아주 중요하다. 나는 상대방의 옷차림을 보고 어느 정도 그 사람의 인품을 미루어 짐작한다. 이는 다른 사람들도 마찬가지가 아닐까 한다. 누구나 어느 정도는 복장으로 자기주장을 하고 있을 테니까.

나는 상대의 복장에서 자랑하는 것 같은 느낌을 받으면 그의 사고방식이 조금 비뚤어져 있을 것이라고 단정한다.

화려하게 치장한 옷을 입고 있는 사람을 보면, 내용이 없는 것을 숨기기 위해 일부러 위압적인 차림을 하고 있는 것은 아닌가 싶어 모멸감을 느끼기도 한다.

또한 옷차림에는 전혀 신경을 쓰지 않아 귀족인지 마부인지조차 구별할 수 없는 사람이 있으면, 역시 그 속을 의심하지 않을 수 없다.

현명한 사람은 복장에 개성이 드러나지 않도록 신경을 쓴다. 결코 화려하고 눈에 띄는 옷차림으로 자기 혼자 두드러지고자 하지 않는다. 그들은 그 지역의 지식인이나 다른 사람들과 비슷한 정도의 옷차림을 할 뿐이다.

옷차림이 지나칠 정도로 화려하면 사람이 어딘가 들떠 보이게 마련이고, 반면에 지나치게 초라한 옷차림이면 복장에 전혀 신경을 쓰지 않는 사람 같아서 실례가 된다.

내 생각으로는, 너와 같은 젊은이라면 좀 초라한 차림새보다는 약간은 화려한 차림새가 좋을 듯싶구나. 화려한 옷차림은 나이가 들면서 점점 수수해질 것이므로, 지금 나이에 복장에 지나치게 무관심한 것은 좋지 않다.

네 주위에 있는 사람들을 보고 그들이 화려한 차림새를 하고 있으면 화려하게, 검소한 차림새를 하고 있으면 검소하게 입으면 된다.

옷을 입을 때는 항상 바느질이 잘된 옷, 몸에 꼭 맞는 옷을 선택해야 한다. 그렇지 않으면 왠지 부자연스럽고 어색한 느낌을 주게 된다.

그리고 일단 그날 입을 복장을 결정하고 그 옷을 입었다면, 두 번 다시는 옷차림에 대해 신경 쓰지 말아야 한다. 색이 촌스럽지 않은가, 디자인이 너무 튀지 않는가, 유행에 맞지 않은 것은 아닌가 등을 생각하고 있으면 행동이 부자연스러워진다. 일단 결정하고 입었으면 더 이상 옷에 대해 신경 쓰지 말고 아무것도 몸에 걸치지 않은 것처럼 자연스럽고 기분 좋게 행동해라.

그리고 헤어스타일도 차림새의 일부이므로 신경을 써야 한다. 양말을 흘러내리게 신거나 구두끈을 풀어놓는 일도 없어야 한다. 그런 사소한 것들로 인해 전반적으로 나쁜 인상을 주지 않도록 신경을 써야 한다는 것이다.

사람들에게 좋은 인상을 주고 싶다면 특히 청결이 중요하다. 손이나 손톱을 항상 깨끗하게 손질하고 식사 후에는 반드시 이를 닦아야 한다. 이를 닦는 것은 특히 중요하다. 의치를 끼지 않기 위해서도 그렇고 고통스러운 치통을 앓지 않기 위해서도 그렇다. 더구나 입 냄새는 주위 사람들에게 큰 실례가 되므로 양치질을 게을리 해서는 안 된다.

사람의 마음을 사로잡는 요인은 참으로 많다. 그 가운데서도 특히 표정이 효과적으로 사람의 마음을 붙잡는다는 사실을 너는 알고 있느냐?

타고난 용모에 자신이 없으면, 대부분의 사람들은 그것을 감추고 보완하려고 끊임없이 노력한다. 못생긴 사람일수록 더욱 그렇다. 조금이라도 잘 보이려고 고상한 척 행동하기도 하고 상냥한 척 미소를 짓기도 한다. 그들은 눈물겨울 정도의 노력을 하고 있는 것이다.

그런데 너는 잘 생긴 용모를 타고난 것에 감사를 하기는커녕 스스로 모독하는 것처럼 보이는구나. 지금 네 모습과 표정은 어찌된 것이냐? 네 나름대로는 남자답고 사려 깊고 결단력 있어 보이는 표정이라고 생각할지 모른다. 하지만 내가 볼 때는 당치도 않은 착각일 뿐이다. 아무리 좋게 봐준다 해도 네 표정은 위엄을 가장하려고 애쓰는 하사관의 어색한 표정과 똑같아 보인다.

내가 아는 한 젊은이는 의원으로 처음 선출되었을 당시 자기 방에서 거울을 보면서 표정과 동작을 연습했다. 그런데 그 모습이 발각되어 사람들 사이에서 큰 웃음거리가 되고 말았다. 하지만 나는 결코 웃을 수가 없었다. 오히려 나는 그 젊은이가 그를 비웃는 사람들보다 훨씬 더 사리를 잘 판단할 인물이라고 생각했다. 그는 공공장소에서의 표정과 동작이 얼마나 중요한지를 알고 있는 사람이었으니까.

이렇게 말을 하면 너는 반문할지도 모르겠다. "그렇다면 온순한 표정을 짓기 위해 매일 하루 온종일 신경을 써야 한다는 말인가요?"라고 말이다.

내 대답은 "아니다."이다. 매일 온종일 신경을 쓰라는 것이 아니다. 2주일이면 족하다. 2주일 동안만이라도 좋으니 좋은 표정을 짓기 위해 노력해봐라. 그러면 그 다음부터는 얼굴에 전혀 신경을 쓰지 않아도 저절로 좋은 표정이 된다. 지금까지 무신경하게 지내온 반만이라도 괜찮으니 노력해봐라.

우선 눈가에는 항상 상냥한 표정을 짓도록 노력해라. 그리고 얼굴 전체가 미소로 가득한 표정을 지어라. 어느 정도는 수도사의 표정을 조금 닮는 것도 괜찮을 것이다. 선의가 넘치고 자애가 가득하고 엄숙한 가운데서도 열의가 배어나는 그런 표정 말이다.

그런 표정은 사람의 마음을 끌어당기는 매력을 가지고 있다. 그렇게 생각하지 않느냐?

물론 표정만 좋아서는 안 된다. 마음이 뒤따라야 한다. 사람들이 그런 표정에 호감을 느끼는 이유는 당연히 마음이 뒤따르고 있다고 생각하기 때문이다.

2주일 동안 30분씩만 노력하면 된다. 너는 춤을 왜 배웠느냐? 그것도 귀찮은 일이었을 것이 아니냐? 하지만 너는 사람들의 마음을 사로잡기 위해 춤을 배우는 수고를 기꺼이 감당했을 것이다.

너는 왜 고급스러운 옷을 입고 헤어스타일을 가꾸느냐? 그것도 역시 귀찮은 일이었을 것이다. 그런데 왜 그런 것들에 신경을 쓰느냐? 그것은 다른 사람에게 좋은 인상을 주기 위해서였을 것이다.

너 스스로 그것을 알고 있다면 이제 그보다 더 근본적으로 좋은 인상을 주는 너의 표정을 연구해야 하는 것이다. 표정이 좋지 않으면 아무리 춤을 잘 추고 단정한 복장에 헤어스타일이

멋있다고 해도 아무 소용이 없다.
네가 춤을 추는 것은 기껏해야 1년에 몇 차례뿐이지만 너의 표정은 365일 하루도 빠짐없이 사람들에게 노출된다는 점을 명심해라.

 현명한 사람은 복장에 개성이 드러나지 않도록 신경을 쓴다. 결코 화려하고 눈에 띄는 옷차림으로 자기 혼자 두드러지고자 하지 않는다.

39
호감을 사려면 치장도 필요하다

너는 내가 지금부터 하는 이야기를 잘 듣고 몸에 배도록 노력해야 한다. 그렇지 않으면 아무리 학식이 깊고 처신을 잘한다 해도 성공을 이루기 어려울 것이다.

지금이야말로 너는 치장하는 법을 몸에 익힐 때다. 지금 그것을 익혀두지 않으면 평생 익힐 기회가 없다. 그러니 지금은 다른 일은 모두 제쳐두고라도 우선 그것에 몰두해라. 젊고 건강한 육체에 더하여 매력적인 치장이 따른다면 그보다 훌륭한 것은 없다.

내가 편지까지 써가면서 외모를 잘 치장하라고 조언하고 있다는 것을 알면 사람들이 나를 어떻게 생각할까? 더군다나 그들은 융통성 없고 획일적이거나 뽐내기를 좋아하는 현학적인 사람들인데 말이다.

그들은 아마 몹시 경멸하는 눈으로 "아버지가 자식에게 가르치는 교훈이라는 것이 겨우 그런 것들이라니." 하고 조롱할 것이 틀림없다. 아마 그들의 사전에는 "호감을 산다."라든가 "호감을 준다."라든가 하는 말이 없을 것이기 때문이다.

그러나 현실에서 그런 말이 존재한다는 것은 사람들이 호감을 산다거나 주는 것을 일상의 화제로 삼고 있고, 그것에 관심을 갖고 그것을 얻기를 원하고 있다는 사실을 반증하는 것이다. 그러니 이것은 너도 결코 웃어넘길 일이 아니다.

세상의 젊은이들 가운데는 예의가 전혀 없고 제멋대로인 부류가 많다. 나는 그것이 그들의 부모들이 예의범절을 가볍게 여기고 있거나 예절에 전혀 관심을 두지 않는 사람들이기 때문이 아닐까 생각한다.

초등교육에서 대학교육까지, 게다가 유학도 시키는 등 할 수 있는 교육은 모조리 시키면서도 정작 가정교육은 시키지 않는 것이다. 그런 사람들은 각각의 교육기관에 자기 자식을 맡겨 놓고서도 그들이 어떻게 성장하고 있는지에 대해서는 거의 무관심하고 주의를 기울이지 않는다.

설령 관심을 가지고 지켜본다고 해도 교육의 질을 판단하는 일은 전혀 하지 않고 그저 세월만 보내고 있을 뿐이다. 그리고 자기 자신을 안심시키기 위해서 한 마디 중얼거릴 것이다.

"괜찮아. 다른 애들과 마찬가지잖아. 잘하고 있을 거야."

그러나 다른 아이들과 똑같이 학교에 다니고 있다고 해서 그들이 반드시 잘하고 있는 것은 아니다. 어려서 가정교육을 제대로 받지 못한 사람은 학창시절에 몸에 익힌 습관대로 어린애 같은 장난을 계속한다.

지금까지 대학을 다니며 몸에 배인 자신들의 편협한 태도를 바꾸지 않는다면, 그들은 유학을 가서도 그 거만하고 불손한 태도를 고치지 못할 것이다. 그런 것은 부모가 말해주지 않으면 아무도 가르쳐주지 않기 때문에 쉽게 고칠 수가 없다. 그래서 그들은 자기의 태도가 아주 볼썽사납다는 것도 알지 못한 채 계속해서 무례한 행위를 저지르는 것이다.

앞에서도 여러 차례 이야기했지만, 예의범절이나 인간을 대하는 태도에 대해 자식에게 솔직하게 지적해줄 수 있는 사람은 오직 아버지뿐이다. 이는 그 자식이 어른이 되더라도 변하지 않는 진리이다.

그 누구도 아버지처럼 자신이 직접 경험한 것들을 자식에게 전할 수는 없을 뿐더러 주의를 줄 수도 없다. 그러니 너는 나와 같이 충실하고 우호적이며 눈이 밝은 감시자를 곁에 두고 있다는 점을 다행스럽게 여겨야 한다.

너는 나의 눈을 피할 수 없다. 나는 너에게 눈에 띄는 결점이 있으면 신속하게 발견하여 고치도록 지시할 것이다. 너에게 네 자신도 모르는 장점이 있으면 내가 재빨리 발견하여 박수를 보낼 것이다. 이것이 바로 아버지로서 내가 맡은 임무다.

 지금이야말로 너는 치장하는 법을 몸에 익힐 때다. 젊고 건강한 육체에 더하여 매력적인 치장이 따른다면 그보다 훌륭한 것은 없다.

40
예의는 인간관계의 윤활유다

인간은 본래부터 완벽한 존재가 아니다. 하지만 가능한 완벽한 모습에 근접하게 만들기 위해 노력하는 것이 네가 태어난 날부터 내가 항상 소원했던 일이다. 그리고 나는 너를 그렇게 만들기 위해 한결같이 노력해왔다.

나는 거기에 드는 수고와 비용을 아끼지 않았다. 교육이라는 것이 누구든 타고난 자질 이상으로 그 사람을 바꿀 수 있다는 점을 알았기 때문이다. 그것은 이제 너도 경험으로 알게 되었으리라 믿는다.

내가 어린 너에게 제일 먼저 한 일이 무엇인지 아느냐? 아직 정확한 판단력이 없는 너에게 선을 사랑하는 마음과 사람을 존경하는 마음을 심어주는 것이었다. 너는 마치 문법을 외우듯 기계적으로 그것을 몸에 익혔단다.

그런데 지금은 네 스스로의 판단으로 그것을 너무나 잘 실천하고 있구나. 하기야 선을 행하는 일이나 사람을 존경하는 일은 당연한 것이므로 누가 가르치지 않아도 실천할 수 있는 일이기는 하다.

너에게 판단할 수 있는 능력이 생긴 이후에 나는 더 이상 선을 사랑하라는 말을 하지 않았다. 왜냐하면 그런 말은 너무도 당연한 것이었기 때문이다.

다음에는 실질적이면서도 한쪽으로 치우치지 않는 교육을 베푸는 일이 중요했다. 나는 이 단계에서도 생각 이상의 성과를 올렸다. 네가 나의 기대에 충분히 부응해주었던 것이다.

그리고 이제 마지막으로 남은 것이 사람과 사귀는 과정에서 지켜야 할 것들, 즉 예의범절을 가르치는 일이다. 예의범절을 제대로 알지 못하면, 네가 지금껏 몸에 익힌 것들이 빛을 잃고 모두 허사가 되어 버리는 수가 있다. 유감스럽게도 너는 아직 이 부분이 부족한 것 같아 이를 중점적으로 이야기하고 싶구나.

내가 알고 있는 어떤 분은 예의에 대해 정의를 내리면서 "서로 자신을 약간씩 억제하고 상대방에게 맞추려고 하는 분별과 양식이 있는 행위"라고 설명했다. 이에 이의를 제기하는 사람은 아마 아무도 없을 것이다. 다만 분별과 양식이 있는 사람이라고 해서 누구나 다 예의바른 인간이 되는 것은 아니다.

예의를 갖추는 방법은 나라마다 혹은 환경이나 사람에 따라서 확실히 커다란 차이가 있다. 그것은 실제로 자신의 눈과 귀로 보고 듣지 않으면 알 수 없다. 그러나 예의를 존중하는 마음 자체는 시대와 장소를 막론하고 결코 변함이 없다. 그러므로 시대나 장소를 불문하고 예의바른 사람이 되고자 하는 마음이 있느냐 없느냐에 따라 그 사람이 예의 바른 사람이 되느냐 못 되느냐가 결정되는 것이다.

예의가 어느 특정한 사회에 미치는 영향은 어쩌면 도덕이 사회 전반에 미치는 영향과 유사하다고 할 수 있다. 사회를 하나로 묶고 안전을 도모한다는 점이 바로 그것이다.

유사한 것은 그뿐만이 아니다. 우리 사회에는 도덕적인 행위를 권장하기 위해(또는 부도덕한 행위로부터 개인과 사회를 지키기 위해) 법이라는 것이 제정되어 있다. 이와 마찬가지로 특정한 사회에도 예의바른 행동을 권장하고 무례를 훈계하기 위한 암묵적인 규율 같은 것이 있다.

이렇게 말하면 내가 법과 암묵적 규율을 동일시하는 것이 아닌가 하고 의아하게 생각할지도 모르겠다. 하지만 나에게는 이것이 공통점으로 인식된다. 다른 사람의 땅에 침입한 사람은 법에 의해서 처벌을 받는다. 마찬가지로 다른 사람의 사생활을 침입한 사람은 사회의 묵시적인 합의에 의해 추방을 당한다.

문명사회에 사는 인간에게 있어서 상냥하게 행동하고 상대에게 주의를 기울이고 약간의 희생을 감내하는 등의 예의는 누군가로부터 강요당한 것이 아니다. 그것들은 자연적으로 몸에 배는 일종의 암묵적인 협정과 같은 것이다.

그것은 왕과 신하가 충성과 복종이라는 암묵적인 협정으로 맺어져 있는 것과 다를 바 없다. 그러므로 그 협정을 어기면 불이익을 당하는 것이 당연한 보답이다.

예의를 다하는 것은 선행 다음으로 사람들의 마음을 사로잡는다. 그만큼 예의는 중요하단다.

예의를 갖추는 방법은 나라마다 혹은 환경이나 사람에 따라서 확실히 커다란 차이가 있다. 그러나 예의를 존중하는 마음 자체는 시대와 장소를 막론하고 결코 변함이 없다.

41
상황에 따른 예의범절

이제는 상황에 따라 지켜야 할 예절에 대해 이야기해보자.

명백히 윗사람이거나 높은 지위에 있는 사람에게 예의를 지키지 않는 사람은 거의 없다.

하지만 더 중요한 점은 그것을 어떻게 표현하느냐이다. 분별이 있고 인생의 경험이 풍부한 사람은 자만하지 않고 자연스럽게 최대한의 예의를 표현할 수 있다. 그런데 훌륭한 사람들과 교제해본 경험이 별로 없는 사람은 행동이 어색하여 보고 있자면 애처로울 정도로 아슬아슬하게 버티고 있다는 것을 알 수 있다.

어색하게 행동하지 말라는 말이 존경하는 사람 앞에서 의자에 걸터앉거나 휘파람을 불거나 머리를 긁적이는 등 무례하게 행동하라는 뜻은 아니다. 윗사람 앞에서 가장 주의해야 할 점은 미리부터 겁내지 말고 그저 자연스럽게 다소곳이 예의를 갖추는 것이다. 이를 몸에 익히기 위해서는 좋은 본보기를 잘 관찰하여 실제로 따라해 보는 방법 밖에는 없다.

특별히 신경 써야 할 윗사람이 없고 모두 편한 사람들과 만나는 자리라면 초대받은 모든 사람이 대등한 입장이라고 여겨라. 이 경우에는 경외심을 가져야 할 인물이 없으므로 행동이 자유스러워지고 긴장감이 없어야 한다. 어떠한 만남이든 꼭 지켜야할 선이라는 것이 있는데, 이 경우도 그것만 지키면 무난하다고 할 수 있다.

그러나 여기서도 간과해서는 안 될 점이 있다. 아무리 동등한 입장이라도 사람들은 일반적인 예의를 지켜주고 약간의 배려를 받을 수 있기를 은근히 기대한다는 사실이다. 그러므로 너무 무신경하고 주의가 산만한 것은 용납되지 않는다.

가령 누군가 다가와서 네게 쓸데없는 이야기를 하더라도 일단은 예의바르게 대해주어라. 건성으로 이야기를 듣는 둥 마는 둥하면 아무리 동등한 입장이라도 '실례'를 범하는 것이고, 나아가 '커다란 무례'를 범하는 일이 될 수도 있다.

이는 상대가 여성일 경우에 더욱 그렇다. 여성은 자기가 어떠한 위치에 있더라도 항상 배려해 주기를 원한다. 단지 주목하는 것만으로는 만족하지 못하며 아부에 가까울 정도로 배려를 해주어야 만족하는 것이다. 달갑지 않을지라도 예의 바른 사람은 모두 그렇게 하고 있다는 것을 명심해라.

잡다한 사람들이 모인 자리에 갔을 때 어떻게 예의를 지켜야 하는지에 대해서는 하나하나 열거할 필요가 없을 것이다. 일일이 나열하는 것은 끝이 없을 뿐만 아니라 너에게도 실례일 것이라고 생각되니 그만두기로 하자. 그러니 그 이상은 네가 스스로 판단하고 무엇이 너에게 이로운가를 생각하면서 잘 처신하기 바란다.

천성적으로 타고난 신분이 너보다 못한 사람들이 있다. 너보다 신분이나 지위가 낮다고 해서 결코 그들보다 네가 월등하다고 생각해서는 안 된다. 너는 하늘이 내려준 행운에 감사해야 하는 것이지 좋지 못한 환경에서 태어난 사람들을 멸시하거나 쓸데없는 말로써 그들의 불행을 상기시키는 따위의 짓을 해서는 안 된다.

나는 신분이나 지위가 낮은 사람을 대할 때 나와 동등한 사람을 대할 때 이상으로 신경을 쓴다. 왜냐하면 실력이나 노력과는 아무 상관없이 그저 타고난 운명에 의해서 결정된 나의 신분이나 지위 따위로 자존심을 세우려는 사람처럼 오해받고 싶지 않기 때문이다.

그런데 많은 젊은이들이 거기까지는 생각하지 못한다. 그들은 권위적이고 명령조의 말투를 쓰는 사람이 용기가 있고 기개가 있는 사람이라고 오해하고 있다.

나도 젊었을 때는 그랬다. 몇몇 매력적인 사람의 마음을 사로잡는 일에만 급급하여 그 이외의 사람들에게는 기본적인 예의조차 쓸데없는 짓이라고 생각했다. 그래서 각료나 지식인이나 뛰어난 미인처럼 화려하고 눈에 띄는 인물들에게만 예의를 지키고 다른 사람들은 무시했기 때문에 그들로부터 비난을 받은 적도 있다.

그런 어리석은 행동으로 인해 나는 남녀를 불문하고 많은 적을 만들어 버렸다. 하찮은 사람이라고 여겼던 자들이 내가 좋은 평판을 얻고자 열성적으로 노력했던 곳에서 나를 결정적으로 깎아내렸던 것이었다. 그만큼 나는 오만하다는 평가를 받았다. 하지만 사실 나는 오만하기보다 분별력이 모자랐을 뿐이다.

옛 격언에 "인심을 얻는 왕이야말로 가장 태평하며 오랫동안 권력을 누릴 수 있다."라는 말이 있다. 신하의 충성을 원한다면 공포심을 주기보다는 인심을 얻으라는 뜻이다. 이처럼 신하의 인심을 얻는다는 것은 왕에게 있어 그 어떤 무기보다도 더욱 강력하다.

    이것은 우리에게도 해당되는 말이다. 즉 사람의 마음을 사로잡는 방법을 안다는 것은 그 무엇보다도 강력한 힘을 가진 것이라고 해석할 수 있는 것이다.

    다음으로 말하고 싶은 것은 "저기서는 절대 실수하지 않아!"라고 생각하는 곳에서 뜻하지 않은 실수를 저지르고 마는 경우다. 그렇다. 아주 친한 친구나 지인知人을 대할 때 지켜야할 행동에 관한 이야기다.

    절친한 사이라면 편안한 기분으로 만나는 것은 좋은 일이고 당연하기도 하다. 그러한 관계가 사생활에 편안함을 주는 것도 분명하다. 그러나 그렇다고 해서 절대 침범해서는 안 되는 영역까지 침범해도 좋다는 의미는 아니다. 만약 서로가 말하고 싶은 대로 제멋대로 지껄인다면 아무리 친한 친구사이라도 대화의 분위기는 금방 시들해져 버릴 것이다.

    한 가지 확실한 예를 들어보자. 가령 너와 네가 같은 방에 기거하고 있다고 가정하자. 나는 내가 무엇을 해도 상관없다고 생각하고 있고 너 또한 그렇게 생각하고 있다. 그럴 때 우리 두 사람 사이에는 아무런 예의나 자제도 필요가 없는 것일까?

    아니다. 그건 크게 잘못된 생각이다. 약간의 차이는 있겠지만 아무리 네가 편하게 여기는 친한 상대라고 해도 최소한의 기본적 예의는 지켜야 한다.

네가 한창 이야기에 열중하고 있는데, 내가 이야기는 듣지 않고 줄곧 다른 생각을 하거나 하품을 한다거나 하면 어떻겠니? 사실 그런 실수를 한다면 나는 나 스스로 부끄럽게 여길 것이고, 나아가 너의 발길이 멀어지는 것도 각오해야 할 것이다.

그렇다. 아무리 절친한 사이라고 해도 기본적인 예의는 지켜야만 우정이 오래도록 지속될 수 있다. 남편과 아내 사이의 분별이나 예의를 모두 없애 버린다면 어떻게 되겠느냐? 아무리 다정한 사이라도 얼마 가지 않아 서로 경시하게 될 것이 틀림없다.

단점에 관해서도 마찬가지다. 사람은 누구나 단점을 가지고 있기 마련이다. 자신의 단점을 감추려고 하지 않고 오히려 거침없이 드러낸다면, 그것은 예의에 어긋날 뿐만 아니라 분별없는 행동이기도 하다.

그렇다고 편한 상대에게까지 거창한 예의범절을 표하는 행동은 하지 마라. 그것은 부당하기 짝이 없다. 적절한 예의, 알맞은 예의를 다하라는 것이다. 그것이 서로가 언제까지나 사이좋게 지낼 수 있는 가장 좋은 방법이다.

예의에 관한 이야기는 이 정도면 될 것 같구나. 어쨌든 반나절 정도는 예의를 익히는 일에 투자하기 바란다.

다이아몬드도 원석 자체로는 아무런 쓸모가 없다. 갈아내고 닦아내야 비로소 빛이 나는 것이다. 물론 다이아몬드가 아름다운 것은 원석이 견고하고 밀도가 높기 때문이다. 그렇지만 언제까지나 더러운 원석으로 남아 있다면 기껏해야 호기심 많은 수집가의 진열장에나 들어갈 수 있을 뿐이다.

나는 지금의 네가 밀도가 높고 견고하다고 믿는다. 앞으로는 지금까지 해온 것만큼 더 노력하고 갈고 닦아라. 그러면 머지않아 너는 멋지게 다듬어져 아름다운 빛을 발하는 훌륭한 다이아몬드가 되어 있을 것이다.

아무리 동등한 입장이라도 사람들은 일반적인 예의를 지켜주고 약간의 배려를 받을 수 있기를 은근히 기대한다

42
언행은 부드럽게, 의지는 강하게

　내가 언젠가 너에게 당부한 적이 있을 것이다. "언행은 부드럽게, 의지는 강하게 하라."는 말을 항상 기억하고 행동하기를 바란다고. 너는 내가 당부한 것을 아직 기억하고 있겠지?
　우리 인생 전반에 걸쳐 그만큼 두루 유용하게 쓰일 수 있는 말은 없다고 해도 과언이 아니다. 오늘은 내가 늙은 교사가 된 셈치고 그 말에 대해 다시 한 번 설명하겠다.
　먼저 이 말의 두 가지 요소, 즉 '언행'과 '의지'에 대해서 설명하고, 그 다음으로 이 두 가지 요소가 하나로 합쳐졌을 때 어떤 효과를 나타내는지에 대해 설명하겠다. 그리고 끝으로 두 요소를 어떻게 실천할 것인가에 대해 언급할 것이다.

사람을 대할 때 언행은 부드럽지만 의지가 강하지 못한 사람은 어떻게 될 것 같으냐? 그런 사람은 다른 사람들로부터 호감은 사겠지만 결국 비겁하고 심약하고 소극적인 인간으로 전락해 버린다.

반대로 의지는 강하지만 언행이 부드럽지 못한 사람의 경우는 어떨까? 그런 사람은 사납고 강압적이며 매사에 저돌적인 인간으로 전락할 것이다.

이상적인 인간이 되기 위해서는 양쪽을 다 갖춰야 한다. 하지만 사실상 두 가지를 다 갖춘 사람은 매우 드물다.

의지가 강한 사람들 가운데는 성격이 다혈질인 사람이 많다. 그래서 언행이 부드러운 사람을 보면 '유약하다'고 단정하고 무엇이든지 힘으로 밀어붙이려고 한다. 이런 사람의 경우는 상대가 소심하고 내성적인 사람일 때는 무엇이든 자기 의도대로 일을 처리할 수 있지만, 그렇지 않을 때는 상대의 분노나 반감을 사서 목표한 바를 이룰 수 없다.

반면 언행이 부드러운 사람들 가운데는 교활하고 영악한 사람이 많다. 그런 사람은 유연한 대인관계를 빌미로 모든 것을 이루려고 한다. 마치 자기 의지와는 상관없는 일인 것처럼 임기응변으로 상대의 비위를 맞춘다. 그런 사람은 어리석은 자는 속일 수 있을지 몰라도 조금만 눈치가 있는 사람은 속이지 못하고 금방 가면이 벗겨지고 만다.

사람을 대하는 언행이 부드럽고 의지가 강한 사람은 저돌적인 인간도 교활한 인간도 아니다. 그런 사람은 현명하고 존경받는 사람일 따름이다.

그렇다면 이 두 가지 요소를 겸비하고 있으면 어떤 이로운 점이 있을 것 같으냐? 만약 이 사람이 명령을 내리는 위치에 있다면, 그는 자애로운 태도로 명령할 것이다. 그러면 그 명령은 사람들에게 기쁘게 받아들여져서 기분 좋게 실천에 옮겨질 것이다.

반면에 무턱대고 험악하게 명령한다면, 그것은 적당히 진행되거나 도중에 내팽개쳐 버리고 말 것이다. 가령 부하에게 난폭한 태도로 "술 한 잔 가져와!"라고 명령했다고 하자. 그러면 그는 부하가 술을 가져올 때 잔에 침을 뱉었을지도 모른다는 것을 각오해야 한다. 그런 일을 당하기에 마땅한 인물이기 때문이다.

물론 아랫사람에게 어떤 명령을 내릴 때는 '복종하라'는 강하고 굳은 의지를 보이는 것이 필요하다. 그렇지만 상대가 그 명령을 수행할 때 스스로 비굴하게 느끼거나 열등감에 빠지지 않고 가능한 기분 좋게 수행할 수 있도록 배려하는 자세도 필요한 것이다.

그것은 네가 너보다 높은 지위에 있는 사람에게 어떤 부탁을 할 때도 그렇고, 네 자신의 당연한 권리를 주장할 때도 마찬가지로 가져야만 하는 공손함이다. 공손한 태도로 너를 낮추지 않는다면, 그것이 네 부탁이나 권리를 무시하려는 사람에게 합당한 빌미를 줄 수도 있기 때문이다.

그렇다고 부드러운 언행만으로는 일이 성취되지 않는다. 결코 물러서지 않겠다는 강한 의지와 품격을 손상시키지 않는 한에서 집요함도 필요하다. 너의 의지가 얼마나 강한지를 상대에게 보여주는 일이 중요하다는 말이다.

지위가 높은 사람은 도리에 합당하다는 이유만으로 행동을 시작하는 일이 좀처럼 없다. 보통 때라면 정의를 위해서 혹은 국가의 이익을 위해서라는 명분을 내세워 거절할 일이라도 상대가 집요하게 나오면 원한을 사기 싫어서라도 고개를 끄덕이는 경우가 많다.

그러므로 언행을 부드럽게 하여 상대의 마음을 사로잡되 강한 의지로 밀어붙여야 한다. 그렇게 해야 적어도 네 스스로가 상대에게 거절할 빌미를 주지 않게 되는 것이다.

신분이 높은 사람들은 아래로부터 올라오는 여러 가지 청탁이나 불평불만에 익숙해져 있다. 외과의가 통증을 호소하는 환자들의 하소연을 하루 종일 듣다보면 마침내 그러한 하소연이 진짜인지 가짜인지 구별할 수 없게 되는 경우와 마찬가지다. 그러므로 보통의 호소-공정한 입장이나 인도주의적인 태도-로는 좀처럼 그들을 움직이게 할 수 없다. 다른 감정에 호소할 수밖에 없는 것이다.

이를테면 부드러운 말과 행동으로 호감을 사거나 끈질긴 호소로 "이제 그만, 알았으니까."라는 말이 나오도록 굴복시켜라. 또는 품위를 지키면서도 적당한 위협과 냉철한 태도를 견지하여 상대가 은연중에 두려움을 갖게 하는 것도 한 방법이다. 그런 식으로 너의 강한 의지를 피력해야 하는 것이지 무턱대고 밀고 나가서는 안 된다.

부드러운 언행과 강인한 의지를 겸비하는 것이야말로 사람들에게 사랑받고 존경받는 유일한 길이다. 세상의 현자들이 한결같이 몸에 익히고자 하는 위엄도 바로 그런 태도를 갖추는 것에서 나온다.

다음은 "언행은 부드럽게, 의지는 강하게"를 실천하는 방법에 관해 이야기를 해보겠다.

감정을 절제하지 못하고 격해져서 무분별하고 무례한 말이 입 밖으로 튀어나오려고 할 때는 최대한 마음을 가라앉히고 언행을 부드럽게 하도록 노력해라. 이러한 태도는 상대의 지위 고하를 막론하고 똑같이 지켜져야 한다.

대화를 하다가 격한 감정이 고조되면 잠시 침묵하면서 가라앉을 때까지 기다려라. 침묵을 지킬 때는 너의 표정에서 드러나는 감정의 변화를 상대가 눈치 채지 못하도록 조심해라.(표정을 간파당하는 것은 치명적인 약점이다.)

그렇다고 해서 조금도 양보할 수 없는 상황에서 일부러 상냥하게 굴거나 상대의 비위를 맞추려고 애교를 떨거나 하는 식의 아첨은 절대 해서는 안 된다. 그럴 경우에는 끈기 있고 집요하게 공격을 지속하는 것이 더 나은 방법이다.

그렇게 하면 너는 네가 이루고자 하는 목표를 반드시 성취할 수 있다. 온순하고 내성적이고 다른 사람에게 항상 양보만 하는 사람은 사악하고 남의 고통을 이해하지 못하는 인간에게 언제나 이용당하고 바보 취급만 받을 뿐이다.

친구나 지인을 대할 때도 마찬가지다. 요지부동하고 굳은 의지의 힘으로 그들의 마음을 사로잡고 부드러운 언행으로 그들이 너의 적이 되지 않도록 미연에 방지해라.

적에게는 먼저 부드러운 태도로 마음을 열게 하고 동시에 강한 의지를 보여주어라. 너에게는 그렇게 할 만한 정당한 사유가 있다는 것을 알리는 일도 중요하다. 네 스스로 상대와 다르다는 사실을 보여주어라. 너는 쓸데없이 악의를 품는 속 좁은 사람이 아니며 지금 너의 태도는 사리분별이 정확한 정당방위라는 사실을 분명히 인식하도록 만드는 것이다.

일 때문에 교섭을 해야 할 때도 너의 의지가 강하다는 것을 상대가 느끼도록 만드는 것을 잊지 말아라. 어쩔 수 없이 타협하지 않으면 안 되는 순간에 처하기 전까지는 조금이라도 양보해서는 안 된다. 절충안도 수용해서는 안 된다. 부득이하게 타협하지 않으면 안 될 경우라도 강하게 버티면서 조금씩 양보해야 하는 것이다.

또한 강한 의지와 함께 부드러운 태도로 상대의 마음을 사로잡는 것을 잊어서는 안 된다. 마음을 사로잡아야 상대의 이해를 구할 수 있고 그럼으로써 마음도 움직일 수 있다.

상대에게 마음을 열고 진솔하고 당당하게 말해라.

"여러 가지 문제가 있기는 하지만 귀하에 대한 저의 존경심에는 변함이 없습니다. 이번 일로 인해 저는 당신의 비범한 능력과 일에 대한 열정을 새삼 깨닫고 감복하고 있습니다. 이렇게 훌륭한 분과 개인적으로 함께 할 수 있다면 얼마나 좋을까 하고 생각하고 있습니다."

이처럼 "언행은 부드럽게, 의지는 강하게"라는 명제를 시종일관 실천해 나가라. 그러면 대부분의 교섭은 성공적으로 이루어진다. 그리고 설령 교섭이 실패한다 하더라도 최소한 상대의 뜻대로 일방적으로 일이 진행되지는 않을 것이다.

내가 언행을 부드럽게 하라는 것을 계속 강조하는 까닭은 단순히 온순한 것만이 부드러운 것이 아니라는 사실을 인식시키기 위해서다. 너도 이제는 이해했으리라 믿는다. 부드럽다는 것은 온순한 것이 아니다. 부드러움 속에서 자기의 견해를 분명히 밝혀야 하고, 상대의 의견이 틀렸다고 생각될 때는 언제든 틀렸다고 확실하게 말해야 한다.

내가 문제로 삼는 것은 말하는 방법이다. 말할 때의 태도와 분위기, 용어 선택, 목소리 등은 항상 부드럽고 상냥하게 유지하라는 것이다. 상대와 다른 의견을 말하고자 할 때도 상냥한 표정과 품격 있는 어조로 부드러운 단어를 써서 말해라.

"제가 어떻게 생각하고 있는가를 물으신다면, 저 역시 확신하고 있는 것은 아니지만 이렇게 대답하겠습니다." 혹은 "확실한 것은 아니지만 아마도 이런 뜻이 아닐까 생각합니다." 하는 식의 겸손한 말투가 좋다.

유연한 말투로 이야기를 한다고 해서 설득력이 없는 것은 아니다. 해와 바람의 이야기처럼 따뜻함이 오히려 상대의 마음을 녹이고 사로잡을 것이다.

토론을 할 때에는 상대의 감정을 손상시키지 않는 범위 내에서 논쟁을 끝내는 것이 좋다. 그리고 너 자신도 상처를 입지 않을 뿐만 아니라 상대의 인격 또한 손상시킬 생각이 없다는 사실을 확실히 해둘 필요가 있다. 일시적일지라도 견해의 차이는 서로의 관계를 멀어지게 만들기 때문이다.

"그 정도쯤이야."라고 웃어넘길지 모른다. 하지만 이야기하는 태도는 이야기의 내용 못지않게 중요다. 너의 뜻과는 상관없이 좋은 의도로 행한 것이 오히려 적을 만들기도 하고, 나쁜 의도로 행한 것이 의외로 친구를 만들기도 한다. 네가 취하는 태도의 여하에 따라서 상대가 받아들이는 태도도 달라지는 것이다.

얼굴 표정, 용어 선택, 말투, 발성, 품격 등이 유연하면 언행은 자연스럽게 부드러워진다. 거기에 더하여 강한 의지가 뒷받침된다면 너에게는 저절로 위엄이 우러나올 것이다. 그러면 너는 사람들의 마음을 확실하게 사로잡게 될 것이다.

 언행이 부드럽고 의지가 강한 사람은 저돌적인 인간도 교활한 인간도 아니다. 그런 사람은 현명하고 존경받는 사람일 따름이다.

43
너도 이제는
처세술을 익힐 때다

 다소 전략적일지는 모르지만 이 세상에는 천박하게 말해 '처세술' 같은 것이 있는데, 그것을 다른 사람들보다 먼저 간파하고 실천한 사람이 앞서 출세하는 경우가 많다.
 세상을 아직 모르는 너 같은 젊은이는 그런 것을 몹시 싫어하기 쉽다. 하지만 내가 지금부터 하는 이야기들은 먼 훗날에 네가 "그때 내가 좀 더 일찍 알았더라면 좋았을 텐데." 하는 후회에 빠질 수도 있는 것들이다.
 처세술-세상을 살아가는 지혜-의 근본은 우선 감정을 노출시키지 않고 말과 행동, 얼굴 표정 등에서 자신의 마음이 동요하고 있는 것을 상대에게 간파당하지 않도록 하는 일이다.

자기 조종이 능숙하고 냉정한 상대에게 너의 속마음을 간파당하면, 상대는 매사를 자기 의도대로 이끌어 갈 것이다. 이는 사회생활에만 한정된 것이 아니다. 일상생활에서도 너는 너도 모르는 사이에 상대에게 조종당할 가능성이 크다.

다른 사람에게 싫은 소리를 들으면 노골적으로 화를 내거나 적의를 드러내는 사람, 좋은 말을 들으면 기뻐서 저절로 입이 벌어지는 사람들은 교활하고 남의 험담이나 일삼는 사람들의 희생물이 되기 십상이다.

이런 사람은 일부러 상대의 감정을 떠보는 말을 던지고는 그 반응을 살핀다. 마음이 평온할 때는 결코 누설하지 않는 비밀들을 캐내어 약점을 잡으려는 것이다.

주제넘게 뽐내기를 좋아하는 사람도 먹잇감이 되기는 마찬가지다. 한 가지 다른 것이 있다면, 그런 사람은 교활한 인간과 똑같은 행동을 하지만 자기도 모르게 그 이득을 상대에게 돌아가게 한다는 점이다.

이렇게 말하면 너는 의문을 가질지도 모른다. 냉정하고 안하고는 그 사람의 성격인데 어떻게 의지의 힘으로 조절할 수 있느냐는 것이다. 확실히 그것은 성격 탓인 경우가 많다. 그렇지만 너는 지금까지 모든 것을 성격 탓으로 돌리고 있는 것은 아닌지 반성해 보아야 한다.

나는 누구든 조금만 노력하면 성격이라도 개선할 여지가 있다고 생각한다. 대체로 사람들은 이성보다는 성격을 더 앞세우는 습관이 있을 뿐이다. 나는 그와 반대로 이성으로서 성격을 다스리는 것도 얼마든지 몸에 익힐 수 있다고 생각한다.

감정이 폭발할 것 같아서 도저히 억제할 수 없을 정도가 되면, 우선 감정이 가라앉을 때까지 침묵하면 되는 것이다. 얼굴 표정도 가능하면 변화 없이 유지하려고 노력해야 한다. 평상시에 이를 습관처럼 길들인다면 나중에 그런 일에 부딪쳤을 때 틀림없이 그 습관이 언행에서 배어나오게 될 것이다.

간혹 잘난 체하는 말이나 재미있는 말, 혹은 멋진 말을 하고 싶어 하는 사람들이 있다. 그런데 이런 말들은 사람들에게서 순간적인 호감은 살 수 있지만 호의적으로 받아들여지지는 못한다. 그들은 오히려 돌아서서 너를 비웃을 것이다.

만일 누군가 너를 뒤에서 비웃는 말을 할 때는, 본의 아니게 그 말이 네 귀에 들어와도 그냥 못 들은 척하고 자연스럽게 넘어가는 것이 상책이다. 만일 네 면전에서 직접 그런 말을 들었다면 부드럽게 웃어넘겨라. 그렇게 상대의 말을 받아들여 재치있는 유머라고 칭찬하는 방식으로 자연스럽게 그 자리를 모면하는 것이 좋다.

어떤 경우에도 상대와 똑같은 방식으로 행동해서는 안 된다. 그럴 경우는 상대의 말에 자신이 상처를 입었다는 것을 공표하는 꼴이 되기 때문에 그간 쌓아온 너의 수고도 허사가 되어 버리는 것이다.

어떤 일에 대해 교섭을 해야 할 경우에 상대의 성격이 다혈질이라면 그 결과는 너에게 매우 유리할 것이다. 상대는 자신의 성격으로 인해 속내가 얼굴 표정에 그대로 드러나고 사소한 일에도 마음이 산만해져 터무니없는 소리를 할 것이다. 그런 사람과 교섭할 때는 이런저런 이야기를 던지며 상대의 표정을 읽어내기만 하면 된다. 그런 사람의 표정에는 반드시 그 사람의 진의가 드러나기 마련이니까.

비즈니스에서는 상대의 속마음을 간파하느냐 못하느냐가 성공의 열쇠이다. 자신의 감정이나 표정을 감추지 못하는 사람은 그런 일에 능수능란한 사람의 손에 놀아날 수밖에 없다. 모든 조건이 대등할 때조차 그러할 것인데 상대가 능수능란한 사람이라면 더욱 승산이 없는 것이다.

너는 "그러면 상대에게 시치미를 떼라는 말씀입니까?" 하고 말할지도 모르겠다. 하지만 그렇게 하는 것이 잘못은 아니다. 오래된 격언에도 "속을 보여서는 상대를 제압할 수는 없다."라는 말이 있다. 나는 그것을 더 극단적으로 말하고 싶다. 상대에게 속을 보여서는 그 어떤 일도 이룰 수 없다고 말이다.

똑같이 시치미를 떼는 경우라도 네 속마음을 들키지 않기 위해 시치미를 떼는 것과 상대를 기만하기 위해 시치미를 떼는 것은 의미가 다르다. 지탄을 받아야 하는 것은 후자의 경우로, 그것은 도덕적으로도 문제지만 솔직히 비열한 행위라고 말하지 않을 수 없다.

철학자 베이컨은 이렇게 말했다.

"상대를 기만하는 행위는 지적인 인간이 결코 할 일이 아니다. 속을 들키지 않기 위해 감정을 숨기는 것은 트럼프에서 자신의 카드를 보여주지 않는 것과 같다. 하지만 상대를 기만하기 위해 그런 짓을 하는 것은 상대의 카드를 훔쳐보는 것과 다름없다."

정치가인 볼링브로크 경도 자신의 저서에서 이렇게 말하고 있다.

"다른 사람을 기만하기 위해 자신의 감정을 숨기는 행위는 단검으로 상대를 위협하는 것처럼 비겁한 행동일 뿐만 아니라 확실한 불법 행위이기도 하다. 거기에는 어떠한 정당한 사유나 변명도 통용되지 않는다."

한편 속마음을 들키지 않도록 감정을 숨기는 것은 전쟁에서 방패를 들고 싸우는 것과 마찬가지다. 또한 비밀을 지키는 것은 갑옷을 입고 전장에 나가는 것과 같다고 볼 수 있다. 어떤 일을 추진하고 교섭을 해야 할 때, 어느 정도 자신의 감정을 숨기지 않는다면 보안을 유지할 수 없다. 보안이 지켜지지 않으면 당연히 일이 실패로 돌아갈 확률이 높다.

 마음속에 아무리 세찬 감정의 폭풍이 몰아쳐도 그것을 말이나 표정으로 드러내지 마라. 완전히 너의 감정을 감출 수 있게끔 노력해라. 힘든 일이지만 불가능한 것은 아니다.

 지성인은 아무리 어렵고 힘든 일이라도 추구할 만한 가치가 있다면, 지금보다 몇 배의 노력을 기울여서라도 반드시 해내는 법이다. 너도 분발하기를 바란다.

비즈니스에서는 상대의 속마음을 간파하느냐 못하느냐가 성공의 열쇠이다.
자신의 감정이나 표정을 감추지 못하는 사람은
그런 일에 능수능란한 사람의 손에 놀아날 수밖에 없다.

44
때로는 거짓말도 재치 있게 해라

때로는 네가 알고 있는 사실을 모르는 체하는 것이 크게 도움이 되는 경우가 있다. 나는 이것도 처세의 지혜가 아닐까 한다.

간혹 누군가 이야기를 꺼내면서 "혹시 이런 이야기를 아십니까?"하고 물어올 때가 있다. 이럴 경우 네가 이미 알고 있는 이야기라 할지라도 모르는 척하면서 "아니오."라고 대답해라. 그렇게 하여 상대가 계속 이야기하도록 유도하는 것이다.

이야기를 한다는 사실만으로도 즐거워하는 사람들이 있다. 또한 자신이 발견한 지적인 것들을 이야기함으로써 스스로 만족해하는 사람들도 있다. 나아가 자신의 이야기를 들려줄 만큼 자신이 상대를 신뢰하고 있다는 사실을 표현하고 싶어서 지껄이는 사람도 있다.

"혹시 이런 이야기를 아십니까?"라는 질문을 받았을 때 "예." 하고 무심히 대답해 버리지 마라. 그러면 상대가 실망할 것이고, 결국 너를 '눈치가 없는 사람'으로 간주하여 마주하기를 꺼려하게 될 것이다.

개인적인 추문이나 험담에 대해서는 들은 적이 있더라도 마음을 터놓을 수 있는 친구가 아니라면 결코 들은 적이 없다고 잡아떼는 것이 유리하다. 남의 추문이나 험담은 이야기하는 쪽뿐만 아니라 듣는 쪽에 대해서도 똑같이 나쁘다고 생각되기 쉽다. 그러니 그런 화젯거리가 있으면 이미 다 알고 있는 이야기라고 해도 모르는 척 외면하는 편이 좋다.

이처럼 이미 알고 있는 사실을 모르는 척하다 보면, 아주 우연한 기회에 정말로 몰랐던 사실을 듣게 되는 행운도 따를 것이다. 즉 그것이 정보를 수집하는 최고의 방법이 되기도 하는 것이다.

대부분의 사람은 아무리 사소한 일일지라도 어느 순간 다른 사람보다 우위에 서고자 하는 허영심을 만족시키고 싶어 뭔가 과시하려는 마음을 가지고 있다. 그래서 말을 해서는 안 되는 것인 데도 상대가 모르는 사실을 자신이 알고 있다는 것을 뽐내고 싶은 과시욕으로 무의식중에 비밀을 발설하게 되는 것이다.

그럴 경우, 아무것도 모르는 척 시치미를 떼고 있으면 의외의 정보를 얻을 수 있는 것은 물론이고 생각지도 않았던 이득을 볼 수도 있다. 모르는 척 잡아뗌으로서 상대는 너를 정보를 수집하는 일에 무관심한 인물이라고 간주할 것이다. 그 결과 너는 어떤 음모나 계략과는 아무런 연관이 없는 사람이라고 은연중에 믿게 되는 것이다.

정보는 항상 수집해야 하고 입수한 정보에 대해서는 자세한 검증을 거쳐야 한다. 정보를 수집할 때는 현명해야 한다. 이야기가 진행되는 동안 너무 귀를 곤두세우거나 직접적인 질문을 던지는 것은 결코 현명한 방법이 아니다. 그렇게 하면 상대는 경계심을 품게 되어 같은 이야기만 반복할 뿐 핵심적인 정보는 알려주지 않을 것이다.

반대로 모르는 척 시치미를 떼기보다는 어느 정도 사실을 알고 있는 척하는 것도 때로는 효과가 있다. "그래, 바로 그거야."라고 말하며 상세하게 모든 것을 이야기하는 사람이 있고, 반면에 "이런 이야기 혹시 아는지 모르지만 그게 실은……."이라며 이야기해 주는 사람도 있다. 그 밖에도 "모르는 것이 또 없느냐?", "궁금한 것은 또 없느냐?", "궁금한 게 있으면 물어보라." 하는 식으로 정보를 제공하는 사람도 있다.

처세술을 능숙하게 활용하기 위해서는 항상 너 자신과 너의 주변에 주의를 기울이고 그와 동시에 냉정해지지 않으면 안 된다.

싸움에서 천하무적이었던 아킬레우스도 전쟁터에 나갈 때는 언제나 완전 무장을 했다. 너에게 이 세상은 전쟁터와 다름이 없다. 항상 빈틈없이 무장하고 너 자신의 약점을 보완하기 위한 여벌의 갑옷을 한 벌 더 겹쳐 입을 마음가짐이 되어 있어야 한다. 작은 부주의나 사소한 방심이 사람의 목숨을 앗아가는 것이다.

정보를 수집할 때는 현명해야 한다. 이야기가 진행되는 동안
너무 귀를 곤두세우거나 직접적인 질문을 던지는 것은 결코 현명한 방법이 아니다.

45
명망가와의 친분도 너의 실력이다

너는 지금쯤 몽펠리에에 도착했을 것이다. 거기 머물고 있을 너에게 이 편지가 전해지길 기대한다.

무엇보다 나는 하트 씨의 병이 빨리 완쾌되어 네가 성탄절 전에는 파리에 꼭 도착하기를 기도한다. 네가 파리에 도착하면 소개해주고 싶은 사람이 둘 있는데, 둘 모두 영국인으로 나는 네가 그들과 친밀한 관계를 맺었으면 한다.

한 사람은 여성으로서 나이가 50세가 넘었다. 예전에 내가 디종까지 가서 직접 만나보라고 네게 당부했던 하비 부인이다. 부인은 다행히 올 겨울을 파리에서 보낸다고 한다.

하비 부인은 궁전에서 태어나 성장했기 때문에 바른 예절과 품격, 친절함을 두루 겸비했다. 뿐만 아니라 식견도 높아 여성으로서 읽어야 할 필독서들은 모두 독파했다. 라틴어에도 능숙하고 처신 또한 훌륭하다.

아마 하비 부인은 너를 친아들처럼 대해 줄 것이다. 너는 부인을 나의 대리인으로 여기고 무엇이든지 믿고 의지하고 부탁할 일이 있으면 부탁하도록 해라. 나는 하비 부인처럼 모든 것을 갖춘 여성도 드물다고 확신한다.

언행이나 예법 등에서 부족한 점, 혹은 부적당한 점이 있으면 즉시 지적해달라고 부탁해라. 나는 온 유럽을 다 다녀봤어도 하비 부인처럼 사람을 대하는 예절이나 언행이 바른 사람을 아직 보지 못했다.

너에게 소개할 또 한 사람은 이미 너도 알고 있는 헌팅던 백작이다. 그는 내가 애정과 관심을 쏟는 인물로, 나는 그의 인격을 높이 평가하고 있다. 그는 나를 수양아버지처럼 따르는데, 기쁘게도 나를 의부라고 부르고 있다.

그는 뛰어난 두뇌와 해박한 지식을 갖추었을 뿐만 아니라 성격까지 완벽하여 이 나라에서 제일가는 훌륭한 청년이라고 말할 수 있다. 그와 친해두면 언젠가는 반드시 유익한 일이 생길 것이다. 게다가 그도 나의 마음을 잘 알고 있기에 너와 친하게 지낼 생각을 갖고 있다. 너의 장래를 생각해서라도 둘 사이가 친밀해지기를 바라며 분명 그렇게 될 것으로 믿는다.

이 사회에서는 어쨌든 연고가 필요하다. 신중하게 관계를 구축하고 잘 유지하는 사람이 틀림없이 성공하는 사회다.

친분관계에는 두 가지의 유형이 있는데, 너는 그 차이를 항상 염두에 두고서 행동하기 바란다.

첫째는 서로가 대등한 관계이다. 이 관계는 자질과 역량이 거의 비슷한 두 사람이 이루는 호혜적인 관계로서 대체로 자유로운 교류와 정보의 교환이 동시에 이루어진다. 이 관계는 서로가 서로의 능력을 인정하고 상대가 자신을 위해서 애쓰고 있다는 확신에 바탕을 두지 않으면 성립이 불가능하다. 상대에 대한 존경심이 마음속 깊은 곳에서부터 우러나와야 한다는 것이다.

때로는 서로의 이해가 대립되는 경우가 생기기도 하겠지만. 절대로 파괴되지 않는 상호의존관계이기 때문에 조금씩 양보하여 최종적인 합의를 이끌어내면 마침내 통일된 언행을 취하게 된다.

내가 헌팅턴 백작과 너에게 바라는 관계가 바로 이런 관계이다. 너희 두 사람은 거의 같은 시기에 사회로 진출할 것이고, 그때는 너에게도 백작과 대등한 집중력과 그에 따른 능력이 갖추어져 있어야 한다. 그러면 너희 두 사람이 다른 청년들과 힘을 모아 모든 행정기관이 무시할 수 없는 집단을 만들 수도 있다. 그렇게 함으로써 모두 함께 발전할 수 있게 되는 것이다.

다른 하나는 대등하지 않은 관계다. 한쪽에는 지위와 재산이 있고 다른 한쪽에는 소질과 재능이 있는 경우가 그러하다. 이 관계에서 도움을 받는 것은 한쪽뿐이고 그 도움이라는 것도 표면에 잘 드러나지 않게 교묘하게 위장되어 있는 경우가 많다.

도움을 받는 쪽 입장에서는 상대의 우월감을 암암리에 묵인하고 상대의 마음에 들기 위해 비위를 맞춘다. 도움을 주는 쪽은 자기만족에 빠져 스스로가 상대를 자기 뜻대로 움직이고 있다고 착각한다. 하지만 알고 보면 자기 혼자만 그렇게 착각하고 있을 뿐, 상대가 오히려 뜻한 바대로 이익을 얻고 있는 것이다.

이런 사람을 잘 이용하면 뜻밖의 큰 이익을 가져다주는 경우가 많다. 그런 예에 대해서는 언젠가 너에게 편지로 말한 적이 있는 것 같다. 그밖에도 유사한 예들이 많이 있다. 그만큼 한쪽에만 이익이 되는 관계가 우리 사회에 일반화되어 있다고 말할 수 있을 것이다.

 이 사회에서는 어쨌든 연고가 필요하다.
신중하게 관계를 구축하고 잘 유지하는 사람이 틀림없이 성공하는 사회다.

46
이기려면 끝까지 냉정해라

사려 깊은 태도를 가진 사람은 살아가면서 자기가 싫어하는 사람과 대면할 때도 아무런 내색을 하지 않는다. 그렇게 하기 위해서는 어떻게 해야 할지 알아두는 것도 참으로 중요한 일이다.

실제로 너와 같은 청년들은 이론적으로는 어떻게 해야 하는지 알면서도 막상 실천에 옮기려고 하면 뜻대로 하지 못하는 것이 특징이다. 젊었을 때는 사소한 일에도 쉽게 흥분하고 두서없이 행동한다. 직장에서나 이성교제에서도 마찬가지지만, 특히 자신을 비판하는 말을 들으면 그 즉시 상대를 싫어하게 되기 쉽다.

청년들은 자신의 라이벌을 적과 다를 바 없다고 생각한다. 일단 라이벌이 나타나면 조심해서 행동해야 함에도 그러지 못하는데, 대개는 냉정하게 대하거나 무례한 태도를 취하고 어떻게든 상대를 때려눕힐 방법이 없을까 궁리한다.

하지만 상대에게도 자신이 좋아하는 일이나 이성을 선택할 권리가 있기 때문에 그것은 어리석은 방법이다. 라이벌 앞에서 그런 행동을 보이는 것은 통찰력이 부족하다는 증거에 다름 아니다. 그런다고 해서 자신이 뜻한 대로 일이 진행되는 것은 아니기 때문이다. 오히려 라이벌끼리 서로 다투는 사이에 제3자가 끼어들어 실속을 챙기는 일도 종종 일어난다.

물론 사태가 그렇게 단순하지는 않을 것이다. 라이벌이라면 어느 쪽도 그렇게 쉽사리 물러설 수 있는 입장이 아닐뿐더러, 사업이든 이성교제든 간에 서로 간섭받기를 원치 않기에 미묘한 문제임이 틀림없다. 그렇지만 원인은 제거할 수 없을지라도 그것이 어떠한 결과를 초래할 것인가에 대해서는 추측하는 것이 가능하다.

가령 두 사람의 연적이 한자리에 있다고 가정해보자. 그들이 불쾌한 얼굴로 서로를 외면하거나 다른 사람에게 큰소리로 상대에 대해 듣기 민망한 험담을 한다면, 그 자리에 있는 다른 사람들은 모두 불쾌해질 것이다. 그리고 그 싸움의 원인이 된

여성 또한 불쾌하다고 여길 것이 분명하다.

그런데 만약 그 두 사람 가운데 어느 한쪽이 진심이 어떻든 간에 표면적으로는 상대에게 상냥하고 신사답게 대한다면 어떻게 되겠느냐? 십중팔구 여성은 상냥하고 신사다운 사람에게 더 많은 호의를 갖게 될 것이다.

한편 상냥하고 신사다운 응대를 받은 사람 쪽은 어떻겠느냐? 그는 자신의 상대가 자신감에 차 있다는 것을 깨닫고, 애초에 그런 자신감을 갖게 만든 여성 쪽을 책망할 것이다. 그러면 그 여성도 그의 비이성적인 태도에 마음이 상하게 되어 그를 떠날 확률이 높아진다.

일의 라이벌 관계에서도 마찬가지다. 대부분 자신의 감정을 잘 조절하고 겉으로 냉정하게 처신하는 사람이 경쟁에서 승리한다.

프랑스 사람들은 '은근한 태도'라는 말을 자주 쓰는데, 이 말은 연적에게 노골적으로 혐오감을 표하는 속 좁은 인간을 대할 때 쓰는 말로, 그럴수록 상대에게 더욱 각별하고 상냥한 태도를 취하라는 뜻이다.

이것을 보다 쉽게 설명하기 위해 나의 경험담을 하나 들려주겠다. 너도 나와 똑같은 경우에 처한다면 이 경험담을 거울삼아 상황에 잘 대처하기 바란다.

내가 헤이그에 가서 오스트리아계승전쟁에 참전할 것을 요청하고 구체적인 교섭을 성사시키려 했을 때의 이야기다.

당시 헤이그에는 유명한 수도원의 원장도 방문해 있었다. 그는 프랑스 편에 서서 네덜란드의 참전을 어떻게든 저지하려고 노력했다. 나는 그가 두뇌가 명석하고 마음도 따뜻하며 성실한 인물이라는 말을 들었다. 하지만 우리는 서로가 오랜 숙적이기 때문에 친분을 쌓을 수 없었고, 나는 그런 현실을 몹시 유감스럽게 생각했다. 그래서 제3자가 마련한 자리에서 처음 만났을 때 그에게 이렇게 말했다.

"나라끼리는 서로 적대시하고 있지만, 우리는 그것을 초월해 서로 가까워질 수 있다고 생각합니다."

그러자 그 수도원장도 "저도 동감입니다."라며 정중하게 대답했다.

그로부터 이틀 후에 나는 아침 일찍 암스테르담 의회에 참석했다. 그곳에는 물론 수도원장도 참석해 있었다. 나는 먼저 수도원장과 안면이 있다는 것을 의원들에게 이야기하고 부드러운 미소를 지으며 말했다.

"저의 오랜 숙적이 이 자리에 계신 것을 보고 대단히 유감스럽게 생각하고 있습니다. 이런 말씀을 드리는 것은 이분의 능력이 제게는 일말의 공포심을 유발시키고 있기 때문입니다. 이것은 공평한 싸움이라고 할 수 없습니다. 이 자리에 계신 여러분들께서는 부디 이분의 힘에 굴하지 말고 이 나라의 이익만을 염두에 두시길 부탁드립니다."

나의 말에 그가 자리에 있던 사람들이 모두 미소를 지었다. 수도원장도 나의 찬사가 싫지는 않았던 모양이었다.

15분쯤 후에 수도원장이 그 자리를 떠나고 나서 나는 더욱 진지한 태도로 사람들을 설득했다.

"제가 이 자리에 선 이유는 단 한 가지 네덜란드의 국익을 위해서입니다. 저의 친구는 여러분을 현혹시키기 위해 허식이 필요했는지 모르지만 저는 그런 가면을 벗어던지고 진실만을 말씀드리고자 합니다."

마침내 나는 목적을 달성했다. 그리고 수도원장과도 지금까지 변함없이 친분을 쌓고 있다. 제3자가 마련한 장소에서는 물론이고 다른 자리에서도 서로 정중한 태도로 대하면서 서로의 근황을 스스럼없이 묻는 사이인 것이다.

훌륭한 인격을 가진 사람이 경쟁자를 대하는 태도에는 두 가지가 있다. 아주 친절하게 대하거나 아니면 때려눕히는 것이다. 만일 상대가 갖가지 술수를 동원하여 너를 고의적으로 경멸하거나 모욕한다면 망설이지 말고 때려눕혀라.

그러나 그것마저도 네 마음의 상처로 남을 것 같으면 표면적으로 최대한 예의바르게 행동해라. 그것은 상대를 기만하는 일이 아니다. 그것은 너 자신을 위한 현명한 처신일 뿐이다.

여럿이 함께 모인 자리에서 안하무인으로 무례하게 행동하는 자를 정중하게 타이르는 것은 결코 비난받을 일이 아니다. 너는 그 자리를 원만하게 수습하고 주위 사람들에게 피해를 주지 않기 위해 노력하는 사람으로 비쳐질 것이다.

세상에는 개인적인 이유로 사회생활을 교란시켜서는 안 된다는 암묵적인 규약 같은 것이 있다. 그것을 침해하는 자는 세상의 웃음거리가 되어도 마땅한 일이다.

우리가 살고 있는 사회는 시기심과 증오, 원한, 질투 등이 소용돌이치고 있는 곳이다. 열심히 노력하는 사람들도 많지만 그들이 이룬 열매만 따가려는 교활한 인간도 많이 있다.

사람들이나 조직사회의 흥망성쇠 또한 심하다. 오늘 흥했는가 하면 내일 망해 버리는 일이 허다한 것이다. 이러한 환경 속에서는 바른 예절이나 정중한 언행만으로는 살아남기 힘들다. 다른 장비를 몸에 지니고 있지 않으면 안 되는 것이다.

어제의 친구가 오늘은 적이 되고 오늘의 적이 내일은 친구가 될지도 모른다. 바로 그렇기 때문에 마음속으로는 미워해도 겉으로는 친절하게 대해야 하는 것이다.

너는 매사에 신중을 기하는 것이 필요하다.

훌륭한 인격을 가진 사람이 경쟁자를 대하는 태도에는 두 가지가 있다.
아주 친절하게 대하거나 아니면 때려눕히는 것이다.

47
청춘에 보내는
또 하나의 조언

　이미 너는 한 사람의 사회인으로서 첫발을 내디뎠다. 나는 네가 언젠가는 대성할 것임을 의심치 않는다.
　이 세상에서 무엇보다 훌륭한 공부는 실천이다. 그와 더불어 세심한 배려와 집중력도 필요하다. 이를테면 편지 쓰는 법을 예로 들어보자. 그것으로 너에 대한 조언을 마무리 짓고 싶다. 왜냐하면 사회인으로서 갖추어야 할 상식적인 요소가 잘 집약되어 있는 것이 편지 쓰는 법이기 때문이다.
　우선 사업상의 편지를 쓸 때는 의미의 전달이 명확해야 한다는 점이 중요하다. 세상에서 가장 어리석다고 생각되는 사람이 읽어보아도 그 뜻을 잘못 받아들이는 일이 없어야 한다. 무슨 의미인지 몰라서 처음부터 편지를 다시 읽는 일이 없도록 명확하게 써야 한다는 것이다. 그러기 위해서 너에게 필요한 것은 문장의 정확성이다. 거기다가 문체의 품격까지 갖춘다면 더할 나위가 없겠지.

사업상의 편지를 쓰면서 일반적인 편지에서처럼 상대가 좋아하는 은유나 비유, 대조, 경구 등을 사용하는 것은 어울리지도 않을뿐더러 불쾌한 느낌마저 줄 수 있다. 그보다는 산뜻하고 품위 있게 정리하고 구석구석 상대에 대한 배려가 깃들여 있다는 느낌을 주는 것이 바람직하다. 옷차림에 비유하자면, 정장은 좋은 느낌을 주어야 하는 것이지 지나치게 화려하거나 너무 심플하거나 하면 상대에게 좋은 느낌을 줄 수 없다.

또한 편지에 쓴 문장이 제3자가 읽었을 때 네가 의도한 것과는 다른 의미로 해석될 염려가 있는 대목은 없는지 점검해야 한다. 특히 대명사나 지시대명사에는 주의를 요해라. '이것', '그것', '본인' 등등의 말을 함부로 사용해서 상대의 오해를 살 여지가 있다면, 다소 내용이 길어지더라도 '××씨', '○○에 대한 안건'이라고 분명하게 명시하는 것이 좋다.

사무적인 내용의 편지라고 해서 정중함이나 예의를 무시해서는 안 된다. 오히려 "귀하를 알게 된 것을 영광스럽게 생각합니다."라든지 "저의 견해를 말씀드리자면……."처럼 다소 경의를 표하는 것이 꼭 필요하다.

해외에 있는 외교관이 국내에 편지를 보낼 때는 대개 윗사람이나 각료에게 쓰는 일이 많기 때문에 특히 주의하지 않으면 안 된다.

편지를 접는 법에서부터 봉함하는 법, 수신인과 발신인의 주소 및 성명을 쓰는 법 등에서도 그 사람의 인격이 드러나는 법이다. 그런 사소한 일로도 상대에게 좋지 못한 인상을 줄 수가 있으니 주의해라. 너무 세세하게 지적한다고 여길지 모르지만 그런 점 하나하나에 신경 써야만 한다.

사업상의 편지에서 반드시 필요한 것은 아니지만 바람직한 요소 가운데 하나가 품격이다. 글씨를 잘 써야 한다는 것은 그런 의미에서 중요하다. 그렇지만 이것은 일종의 끝마무리라고 할 수 있으므로 너에게 이런 장식적인 부분까지 신경 쓰라고 조언하는 것은 지금은 삼가겠다.

문자나 문체를 지나치게 장식하면 오히려 역효과가 나타난다는 점도 기억해라. 간결하면서도 고상하고 유연하면서도 위엄을 느끼게 쓰는 것이 가장 좋다. 너는 그러한 편지를 쓰도록 항상 유의해야 한다.

문장의 길이는 너무 길어도 너무 짧아도 안 된다. 뜻이 불확실하지 않을 정도의 길이로 쓰는 것이 바람직하다. 가끔 맞춤법이 틀리는 경우가 있는데, 이것도 비웃음을 사는 원인이 될 수 있으니 조심해라.

편지를 쓸 때는 글씨체 또한 중요하다. 그렇다고 글씨본처럼 한 자 한 자를 신중하게 긴장해서 쓰라는 말은 아니다. 훌륭한 사회인은 글씨를 빨리 쓰면서도 아름답게 써야 한다. 그러기 위해서는 물론 연습이 필요할 것이다.

글씨를 아름답게 쓰는 버릇을 들여라. 그러면 윗사람에게 급히 편지를 쓸 일이 생겼을 때 글씨 같은 사소한 것에 신경 쓰지 않고 내용에만 집중할 수 있을 것이다.

내가 아는 사람 중에 젊었을 때 공부가 부족한 탓에 유사시에 작은 일에 신경 쓰다가 큰일을 처리하지 못한 사람이 있다. 그는 사람들로부터 비웃음을 샀는데, '작은 일에는 통이 큰 사람, 큰일에는 소심한 사람'이라고 불렸던 것이다. 이는 평소에 큰일에 대비하는 능력을 제대로 기르지 못한 탓이다.

너는 지금 작은 일에 대비하는 것만으로도 벅찬 시기이고 또 그런 지위에 머물러 있다. 그러므로 지금은 작은 일을 제대로 마무리하는 습관을 몸에 익혀야 한다. 머지않아 네게도 큰일이 맡겨질 때가 반드시 온다. 그때 가서 작은 일에 신경을 쓰지 않고 큰일에만 매진할 수 있도록 지금부터 잘 준비를 해두어라.

 이 세상에서 무엇보다 훌륭한 공부는 실천이다.
그와 더불어 세심한 배려와 집중력도 필요하다.

아들아
마음 가는 대로 인생을 살아라

초판 1쇄 인쇄 | 2017년 5월 15일
초판 1쇄 발행 | 2017년 5월 25일

지은이 | 필립 체스터필드   옮긴이 | 한시민
펴낸이 | 김의수   펴낸곳 | 레몬북스 (제396-2011-000158호)
전화 | 070-8886-8767   팩스 | (031) 955-1580
이메일 | kus7777@hanmail.net
주소 | 경기도 파주시 문발동 535-7 세종출판벤처타운 404호
디자인 | papermime

ISBN 979-11-85257-51-8(13190)

※ 잘못 만들어진 책은 구입처에서 교환 가능합니다.